탄소중립,

어떻게 해결할까?

탄소중립, 어떻게 해결할까?

1판 2쇄 발행 2023년 8월 1일

글쓴이	신방실

편집	이순아
디자인	이유리

펴낸이	이경민
펴낸곳	㈜동아엠앤비
출판등록	2014년 3월 28일(제25100-2014-000025호)
주소	(03737) 서울특별시 마포구 월드컵북로22길 21, 2층
홈페이지	www.dongamnb.com
전화	(편집) 02-392-6901 (마케팅) 02-392-6900
팩스	02-392-6902
SNS	ﬁ ⓘ 📺
전자우편	damnb0401@naver.com

ISBN	979-11-6363-635-9 (44300)

※ 책 가격은 뒤표지에 있습니다.
※ 잘못된 책은 구입한 곳에서 바꿔 드립니다.
※ 이 책에 실린 사진은 게티이미지, 셔터스톡, 위키피디아에서 제공받았습니다. 그 밖의 제공처는 별도 표기했습니다.
※ 본문에서 책 제목은 《 》, 논문, 보고서는 〈 〉로 구분하였습니다.
※ 이 책은 한국여성기자협회의 후원을 받아 저술 · 출판되었습니다.

탄소중립,
어떻게 해결할까?

신방실 지음

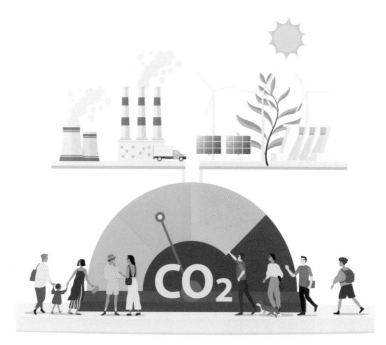

들어가는 말

2022년 11월 이집트에서 제27차 유엔UN 기후변화협약 당사국 총회COP27가 열렸다. 매년 열리는 회의지만 올해는 특별히 기후 재난을 겪고 있는 개발도상국들의 손실을 보상하는 문제가 수면 위로 떠올랐다. 산업화 이후 대기 중에 누적된 이산화탄소의 절반 이상은 미국과 유럽, 중국이 배출했다. 우리나라도 누적 배출량이 18번째로 많은 국가다. 그러나 회의가 열린 아프리카는 전 세계 온실가스의 2.8%만 배출했음에도 불구하고 반복되는 재난에 시달리고 있다. 기후 위기를 초래한 주범과 그 피해자가 일치하지 않는 것이다.

이번 회의에서는 2015년 파리협정에서 약속한 '1.5℃ 온난화'를 다시 한번 되새기는 것과 함께 개발도상국의 적응을 돕고 피해를 줄이기 위한 기금을 조성하기로 합의했다. 기후 정의를 실현하기 위해 전 세계가 첫걸음을 뗀 것이다. 2022년 여름 파키스탄에서 최악의 홍수로 국토의 3분의 1이 물에 잠기고 1,700여 명이 목숨을 잃은 것도 주요하게 작용했다. 파키스탄의 온실가스 배출량은 전체의 0.4%에 불과하다.

산업 혁명의 심장으로 인류에게 풍요로움을 안겨준 화석 연료는 퇴출을 앞두고 있다. 이번 회의에서 '1.5도 온난화'를 위해 석탄 발전뿐 아니라 석유와 천연가스 등 모든 종류의 화석 연료를 사용해선 안 된다는 제안이 나왔다. 비록 당사국 전원의 동의는 얻지 못했지만 언젠가는 그렇게 될 것이다. 이제 우리는 화석 연료에 의존하지 않는 새로운 시대를 맞이하고 도전해야 한다. 탄소중립은 인류 생존을 위해 다 같이 이뤄야 할 공동 과제가 된 것이다.

이 책에는 장밋빛 미래를 열어 줄 것처럼 보였던 탄소 시대의 종말과 기후 위기의 경고, 탄소중립으로 가는 길을 담았다. 과거에는 기후 위기가 거짓이라거나 회의적인 사람들도 많았다. 하지만 2021년 발표된 IPCC(정부간 기후변화 협의체) 6차 보고서는 이러한 논쟁에 마침표를 찍었다. '인간의 영향에 의한 온난화가 명백한 사실'이라고 명시한 것이다. 기후 위기에 대한 회의론과 씨름하느라 우리는 그동안 긴 시간을 허비했는지도 모른다.

이제 전 세계는 탄소중립을 향해 바삐 달려가고 있다. 가장 많은 이산화탄소를 배출하는 중국도 2060년까지 탄소중립을 하겠다고 선언했다. 우리는 2050년이 목표 시점이다. 태양과 바람, 수소 등 재생 에너지 사용을 늘리고 탄소를 저장하거나 재활용하는 기술이 개발되고 있다. 탄소중립에 도달하지 못하면 재난이 눈덩이처럼 잦아지는 것뿐 아니라 국제사회의 경쟁에서도 뒤처질 수 있다는 위기감이 커지고 있다. 과연 인류는 산업 혁명 이후 사회의 기반을 통째로 전환해야 하는 두 번째 도전에 성공할 수 있을까.

탄소중립으로 가는 과정에서 빠트릴 수 없는 부분이 있다. 바로 탄소중립에 의한 전환이 정의로워야 한다는 점이다. 석탄 발전소가 문을 닫고 내연 기관이 사라진다면 누군가는 직업을 잃고 피해를 볼 수 있다. 수많은 실업자가 발생하지 않도록 우리 사회는 지원해야 한다. 기후 위기에 취약한 개발도상국을 돕는 것은 물론 한 사회 안에서도 약자에 대한 배려와 돌봄이 필요하다는 뜻이다. 정의로운 전환의 핵심 원칙인 '누구도 뒤처지게 두지 않겠다Leave no one behind'를 잊어서는 안 된다. 기후 정책의 영향을 받는 부문이나 지역들은 이미 다른 변화와 과제를 경험하고 있다. 어떤 산업은 지구화, 자동화, 다른 기술 발전에 따라 이미 상당한 일자리 상실을 보이고 있다. 특정 산업에 대한 의존도가 높은 지역은 그 산업이 위축되거나 없어지면 대규모 실업과 인구 감소 등의 문제를 겪게 된다. 대부분의 국가에서 가장 전통적인 산업에 근무하는 저숙련자들이 가장 직접적인 영향을 받는다. 정의로운 전환 선언은 전환 과정에서 새로운 일자리 지원, 사회적 대화와 이해당사자 참여 지원 및 촉진 등의 국가별 정의로운 전환 노력을 담고 있다.

기후 위기로 맞게 될 불확실한 미래에서 가장 큰 피해를 보는 세대는 바로 어린이와 청소년이다. 탄소 배출의 책임이 크지 않지만 이상 기후가 일상이 된 시대를 살아야 할지도 모른다. 그래서 더욱 기후 위기와 탄소중립에 관심을 갖고 행동해야 한다. 환경단체나 동아리 활동, 소셜 미디어를 통해 활발하게 토론하고 요구했으면 좋겠다. 일상에서도 환경을 지키는 습관을 갖게 된다면 여러분이 미래를 바꿀 수 있을 것이다. 기성세대의 한 사람으로서, 언론인으로서 우리 사회의 좌표축을 바꾸는 노력에 동참하겠다는 약속을 마지막으로 전하고 싶다.

2022년 11월

신방실

차례

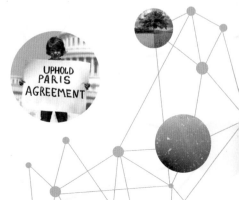

1부

저물어 가는
탄소 시대

산업 혁명의 심장, 석탄

사실 솔직하게 말하자면 우리 국민들은 이렇게 풍족해 본 적이
없었다. 나라 곳곳에 산업 지역에 농장들까지, 내 인생에서
과거에는 보지 못한, 사실상 우리나라 역사상 가져보지 못한
풍요가 넘쳐나고 있다.

1957년 영국의 총리였던 해럴드 맥밀런Maurice Harold Macmillan은
동료 의원들에게 산업 혁명이 가져온 풍요로움에 대해 이렇게 말
했다. "이렇게 좋았던 적은 없었다."Never Had It So Good라는 표현은
선거 구호로 사용될 정도로 인기를 끌었는데, 절정에 달한 경제적
번영을 잘 보여 준다.

18세기 후반 영국에선 산업 혁명이 일어났다. 석탄을 기반으로
사회의 주축이 농업에서 산업으로 전환되었다. 과학 기술이 발전
하면서 수많은 기계가 발명되었고 증기 기관 역시 그 가운데 하나
였다. 석탄을 태워 물을 끓일 때 발생하는 증기의 힘을 이용해 대

량 생산과 운송이 가능해졌다. 면직물 산업을 비롯해 인류는 유례없는 성장을 이뤄 나갔고 증기선과 증기 기관차, 증기 자동차의 발명으로 어디든 빠르게 이동할 수 있게 되었다. 산업 혁명은 '혁명'이라고 불릴 정도로 거대한 변화를 몰고 왔다.

그렇다면 산업 혁명은 왜 영국에서 시작되었을까? 당시 영국에는 탄광이 많아서 석탄을 쉽게 채굴할 수 있었다. 특히 영국 중북부 지역은 세계적인 석탄 매장지였다. 1700년대 영국의 석탄 생산량은 유럽 전체의 80%를 차지할 정도였다. 석탄 채굴 기술도 점점 발달해 지하 100m까지 파고 내려가 더 많은 석탄을 캐낼 수 있게 되었다. 산업 혁명이 시작되기 전인 1700년 영국의 석탄 생산량은 연간 300만 톤(t)이었으나 1900년대 들어선 10배 이상 증가했다. 영국이 지배하고 있던 식민지도 산업 혁명의 동력이 되었다. 영국은 인도에서 재배된 값싼 면화로 면직물을 만들어 인도에 되팔았다. 식민지가 자원 확보와 제품 판매 시장으로도 활용된 것이다. 석탄과 증기 기관 기술, 식민지를 기반으로 한 영국발 산업 혁명은 '폭주 기관차'처럼 유럽 너머 전 세계로 퍼져 나갔다. 19세기 들어선 미국 매사추세츠 같은 도시에도 산업화가 뿌리내렸다. 비슷한 시기 아시아에선 일본이 메이지 유신을 계기로 서구의 기술을 받아들였고 근대화가 시작되었다.

CO₂

미국이 주도한 석유의 시대

　20세기 들어서는 미국이 주도한 석유의 시대가 찾아왔다. 1859년 미국 펜실베이니아주에서 처음으로 석유 시추가 이뤄졌다. 루이지애나와 텍사스주에서도 석유 산업이 발달하기 시작했다. 사우디아라비아 같은 중동의 나라들은 '오일 머니'oil money라고 불리는 돈을 엄청나게 벌어들였다.

　휘발유와 경유로 가는 내연 기관 자동차도 발명되었다. 1913년 미국의 헨리 포드Henry Ford는 자동차를 대량 생산하는 길을 열었고 자동차는 말이 끄는 마차 대신 가정의 필수품이 되었다. 1950년대를 기점으로 석유는 석탄의 자리를 추월했다.

　전기에 대한 수요도 폭발적으로 늘어났다. 전구 같은 인공조명이 개발되면서 밤에도 환하게 불을 밝힐 수 있게 되고 여름 더위도 냉장고와 에어컨 덕분에 견딜 수 있게 되었다. 하지만 사시사철 24시간 멈추지 않는 전력 수요를 감당하기 위해 석탄과 석유, 천연가스 등 화석 연료fossil fuel를 이용한 화력 발전소가 곳곳에 세워졌다.

비슷한 시기에 플라스틱도 태어났다. 1907년 석유로 만든 합성 수지를 원료로 '베이클라이트*'라는 플라스틱이 처음으로 만들어졌다. 1930년대 들어서는 비닐봉지나 음료수 병 등 우리 주변에서 가장 쉽게 볼 수 있는 폴리에틸렌을 비롯해 '거미줄보다 가늘고 강철보다 질긴 기적의 실'로 불리는 나일론이 발명되었다. 요구르트 병에 사용되는 폴리프로필렌, 옷을 만드는 아크릴과 폴리에스테르 등 오늘날 우리가 사용하고 있는 플라스틱의 종류만 20개에 달한다. 과거 역사를 석기 시대, 청동기 시대, 철기 시대로 구분한다면 지금은 플라스틱 시대라는 말이 생길 정도다.

앞서 언급한 해럴드 맥밀런 영국 총리의 연설은 바로 경제적 풍요가 절정에 달한 시점에 나온 것이다. '필요는 발명의 어머니'라는 말이 있듯 기술은 빠르게 진화했고 사회는 급속하게 발전했다. 그러나 장밋빛 전망에 도취되어 있던 인류에게 예상하지 못한 재앙이 닥쳐왔다.

---

* bakelite: 최초의 인공 플라스틱. 벨기에계 미국인 레오 베이클랜드Leo Baekeland가 최초로 페놀과 포름알데히드를 반응시켜 합성. 독일계 회사인 베이클라이트사가 이 물질을 생산하면서 붙인 브랜드명이다. 베이클라이트는 한 번 성형되면 열에 의해 변형되지 않는다. 이러한 페놀계 플라스틱은 비용과 복잡한 공정으로 점차 다양한 플라스틱에게 자리를 내주게 되었다. 베이클라이트는 당구공의 재료로 흔히 쓰였다.

도시를 휘감은 살인 안개, 산업 혁명의 그림자

빨간 벽돌의 마을, 아니 연기와 재가 아니었다면 빨간색이었을
벽돌의 마을이었다. 하지만 그곳은 사실 야만의 얼굴처럼
부자연스럽게 빨간색과 검은색이 엉켜있는 도시였다. 기계와
높은 굴뚝들이 가득 차 있었는데, 굴뚝에서는 지겹도록 긴
연기가 끝없이 뿜어져 나오고 있어 연기 꼬리가 사라지지
않았다.

그곳에는 검은색 운하가 있었고 강에는 고약한 냄새가 나는
자주색 염료가 흘렀다. 거대한 빌딩 숲은 종일 덜컹거리고
소란스러운 창문들로 꽉 차 있었다. 스팀 엔진에 붙어 있는
피스톤들은 우울하게도 미친 자들의 나라에 있는 어떤
코끼리의 머리처럼 단조롭게 올라가고 내려가기를 반복했다.

_ 찰스 디킨스, 《어려운 시절 Hard Times》/ 벤저민 리버만 외,
《시그널》(진성북스, 2018)에서 재인용

영국 작가 찰스 디킨스Charles John Huffam Dickens의 《어려운 시절》에는 '코크타운'이라는 가상의 도시가 등장한다. 영국 특유의 빨간 벽돌 건물이 잿빛에 묻혔고 더러운 강과 빌딩 숲이 암울하게 다가온다. 코크타운은 영국의 실제 공업 도시인 맨체스터를 모델로 했다.

산업 혁명으로 경제적인 부가 늘면서 인구가 폭발적으로 늘기 시작했다. 영국의 수도인 런던은 산업 혁명 초기인 1801년에는 인구 100만 명의 도시였다. 그러나 100년 뒤인 1901년에는 620만 명으로 6배 이상 인구가 급증했다. 인구가 집중되면서 영국을 비롯한 유럽에는 대도시가 발달했다. 돈을 벌기 위해 도시로 몰려든 수많은 사람들 때문에 위생은 나빠졌고 전염병이 유행했다. 공장에서 뿜어져 나온 시커먼 연기는 하늘을 가리기 일쑤였다. 공장의 폐수는 강을 오염시켰다. 당시 영국의 1인당 석탄 소비량은 프랑스의 50배, 독일의 30배가 넘었다. 열악한 환경에서 일하던 도시의 노동자들은 오염된 공기를 마시며 병에 걸려 죽었다. 원인도 모른 채 죽음을 맞이한 것이다.

1952년 12월 5일부터 12월 9일까지 영국 런던에는 자욱한 안개가 끼었다. 영국은 안개의 도시로 불릴 정도로 안개가 잦은 도시지만 연기smoke와 합쳐진 안개fog, '스모그'smog는 사람들의 목숨을 빼앗아갈 만큼 치명적이었다. 그냥 안개가 아니라 공장과 발전소, 자동차, 가정에서 내뿜은 매연까지 포함되어 있었기 때문이다. 지금도 대기가 정체되면 고농도 미세먼지가 오래 지속되듯 런던을 감싼 짙은 안개는 닷새 동안이나 걷히지 않았다. 한치 앞도 보이지 않아 경찰은 횃불을 들고 교통정리를 해야 했고 버스와 구급차도 운행을 멈췄다. 사람들은 기침을 하다가 죽었다. '살인 스모그'라 불리는 런던 스모그로 사망한 사람은 4,000명에 달했다. 이듬해까지 호흡기 질환 등으로 8,000명이 더 숨졌다. 총 희생자는 1만 2,000명으로 주로 노인과 어린이, 기저질환이 있는 환자들이었다.

런던 스모그보다 앞선 1943년, 미국에도 예기치 못한 재난이 찾아왔다. 짙은 안개가 미국 LA 시내를 휘감았다. 사람들은 눈이 따갑고 아파 눈물을 흘리며 병원을 찾았다. 코에서는 콧물이 흘러나왔다. 당시 제2차 세계대전이 진행 중이어서 사람들은 일본이 화학 무기로 LA를 공격했다고 믿을 정도였다. 화학 무기로 착각할 만큼이나 독성이 강한 LA 스모그, 그 원인은 무엇이었을까?

캘리포니아주에 위치한 LA는 미국에서 세 번째로 큰 도시였다. 영국에서 시작된 산업 혁명 이후 1900년대 들어 미국에서도 거대 도시가 만들어졌다. 당시 LA는 수많은 공장과 쓰레기 소각장에서 나온 먼지, 자동차에서 배출되는 매연에 시달리고 있었다. 그런데 LA 스모그는 회색빛 런던 스모그와 달리 황갈색을 띠고 눈과 피부를 따갑게 하는 특징이 있었다.

정부는 공장과 발전소에서 뿜어져 나오는 매연을 줄이기 위해 안간힘을 썼다. 그러나 스모그는 더욱 악화되기만 했다. 런던 스모그와 달리 LA에서는 원인이 자동차였기 때문이다. 미국은 자

안개가 낀 날 영국 세인트 폴 대성당에서 바라본 전망

동차의 나라라고 해도 지나치지 않을 정도로 도로 교통에 의존했
다. 지하철이나 철도 같은 대중교통망이 1980년대에 본격적으로
갖춰졌지만 자동차에 비해 이용률이 낮은 편이었다. 휘발유와 경
유 등 석유를 사용하는 자동차 역시 석탄 발전소 못지않게 많은
오염 물질을 배출하지만 이 사실이 밝혀지기까지 오랜 시간이 걸
렸다. 사람들은 아픈 이유도 모른 채 고통과 싸워야 했다.

화석 연료의 불편한 진실,
환경 규제의 시작

산업 혁명의 원동력이었던 화석 연료는 어떻게 사람들의 목숨을 앗아가게 된 걸까? 석탄과 석유는 과거에 살았던 식물이나 동물이 땅속에 묻혀 만들어졌다. 그래서 '화석 연료'라고 부른다. 우리는 땅속에 묻혀있던 화석을 꺼내 쓰고 있는 셈이다.

화석 연료의 주성분은 유기물이기 때문에 탄소와 수소, 산소, 황 같은 성분으로 구성된다. 불에 태우면 산소와 반응해 황산화물과 질소산화물, 이산화탄소, 메탄 등이 만들어진다. 산소가 충분하지 않아 불완전 연소가 이뤄지면 일산화탄소가 생겨난다. 황산화물과 질소산화물, 일산화탄소는 모두 그 자체로 독성을 지닌 대기 오염 물질이다.

런던 스모그는 인류가 초래한 최악의 환경 재난으로 꼽힌다. 화산이 폭발할 때도 비슷한 성분이 공기 중으로 뿜어져 나오지만 이렇게 짧은 시간 동안 수많은 목숨을 앗아간 경우는 드물었다.

런던 스모그를 계기로 화석 연료에 의한 환경 오염 문제가 전 세계에 알려졌고 엄청난 충격을 줬다. 영국은 4년 뒤인 1956년 '청정 대기법'Clean Air Act을 만들었다. 가정에서 난방용 석탄을 사용하는 것이 금지되었고 공장과 발전소는 도시 외곽으로 이전되었다.

런던 스모그의 원인이 석탄에서 나온 황산화물이었다면 LA 스모그는 자동차 배기가스에 들어있던 질소산화물이 원인이었다. 질소산화물이 자외선과 만나면 산소 원자 한 개가 분해된다. 이때 산소(O) 원자가 공기 중의 산소(O₂) 분자와 반응해 오존(O₃)이 생성된다. 지구 성층권의 오존이 자외선을 막아 주는 것과 달리 지상의 오존은 눈과 피부를 자극하고 호흡기 질환을 불러오는 독성 물질이다. 태양에서 내리쬐는 자외선에 의해 반응이 일어나기 때문에 LA 스모그를 광화학 스모그라고도 부른다.

LA 스모그 이후 미국은 1966년부터 캘리포니아주에서 새로 생산된 차에 의무적으로 배기가스를 줄여 주는 장치를 부착하도록 했다. 영국과 마찬가지로 청정 대기법을 만들었는데 미국의 대기법은 지금까지도 대기 오염을 규제하는 가장 포괄적이고 영향력 있는 법으로 불린다. 여기에서 그치지 않고 1970년 닉슨 대통령은 환경보호국EPA을 설립했다. 우리나라에선 지금의 환경부에 해당되는 '환경처'가 1990년에 처음 만들어졌으니 미국이 우리보다 20년 빠르다고 보면 되겠다.

이러한 노력의 결과였을까. 1990년 이후 미국의 대기 오염 물질 배출량은 LA 스모그 시절과 비교해 절반 이상 크게 줄었다.

암을 일으키는 중금속인 납은 거의 사라졌다. 지금도 LA에선 대기가 정체되면 스모그가 나타나긴 하지만 예전처럼 자주 있는 일은 아니다. 화석 연료의 불편한 진실이 밝혀지면서 강력한 환경정책으로 살인적인 스모그와 맞서 싸운 결과이다.

대기 오염은 가스, 입자, 생물학적 분자를 포함한 유해하거나 과도한 양의 물질이 지구 대기에 유입될 때 발생한다.

빙하기에서 간빙기로,
변화하는 기후

화석 연료가 불러온 재앙은 여기서 끝나지 않았다. 화석 연료 연소 과정에서 대기 오염 물질뿐 아니라 온실가스도 배출되기 때문이다. 이산화탄소와 메탄은 지구의 온도를 높이는 온실가스로 기후 변화의 주범이다. 결국 화석 연료는 환경과 기후 양쪽 모두에게 치명적인 영향을 준다. 대기 오염은 즉각적으로 나타나 눈에 보이는 피해를 불러오지만 기후 변화는 아주 긴 시간 동안 일어나기 때문에 체감하기가 쉽지 않다.

날씨는 매일매일 변하지만 날씨가 오랜 시간 동안 모여서 만들어진 기후는 잘 변하지 않는다. 하루하루의 기온이나 풍속은 다르지만 우리나라가 중위도 온대 기후 지역에 위치해 사계절이 존재한다는 사실은 변하지 않는다. 여름은 덥고 겨울은 춥고 이런 것들 말이다.

여러분은 빙하기(빙기)나 간빙기라는 말을 들어본 적 있을 것이다. 지구의 기후는 수만 년에 이르는 긴 시간 주기로 추운 시기와 따뜻한 시기가 반복되었다. 수만 년이라고 하면 잘 와 닿지 않을 수 있다. 요즘은 100세 시대라는 말이 생길 정도로 인간의 수명이 길어졌지만 자연적인 기후 변화의 주기는 인간의 수명보다 100배 이상 길다고 보면 된다. 따라서 한 사람이 살아가는 동안 자연적인 기후 변화를 느끼기란 거의 불가능하다.

빙하기에는 우리나라가 위치한 온대 지역까지 거대한 얼음으로 덮일 정도로 날씨가 추웠다. 약 1만 년 전 마지막 빙하기 때 한

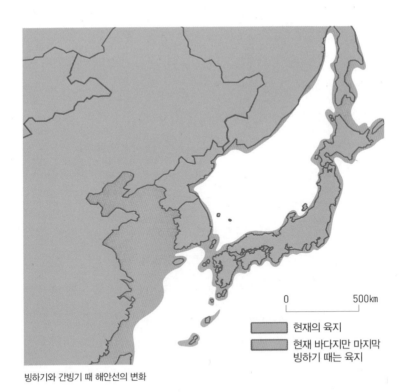

빙하기와 간빙기 때 해안선의 변화

0   500km

현재의 육지

현재 바다지만 마지막 빙하기 때는 육지

반도의 모습을 보면 지금과 해안선의 모양이 완전히 다르다.

서해와 남해가 육지로 연결돼 있고 일본과도 이어져 있다. 날씨가 추워서 바다가 얼어붙으면 해수면 높이가 낮아지고 반대로 녹으면 해수면이 상승한다. 빙하기 때에는 유럽과 러시아에 걸쳐 있는 유라시아 대륙과 북미 대륙도 수km 두께의 빙하로 얼어붙어 있었다. 지구 전체 면적의 4분의 1정도가 말 그대로 얼음이었다.

계속 춥기만 했다면 지구에 지금처럼 많은 생명이 탄생할 수 없었을 거다. 빙하기와 빙하기 사이에 기온이 올라가는 간빙기가 찾아왔다. 이때 저위도와 중위도의 얼음이 빠르게 녹아 사라졌고 해수면의 높이가 다시 높아졌다. 빙하기 때에는 얼어붙은 서해를 걸어 다닐 수 있었지만 간빙기에는 남극과 북극 같은 고위도 지역에만 얼음이 존재했다.

그렇다면 지금은 빙하기일까? 간빙기일까? 중위도에 위치한 우리나라가 얼음으로 덮여 있지 않고 추위는 겨울에만 찾아오니 간빙기라는 것을 알 수 있다. 현재 얼음은 주로 남극과 북극 같은 극지에 분포하고 있다. 마지막 빙하기는 약 1만 년 전에 끝났고 지금은 간빙기가 이어지고 있다.

'기후'climate라는 단어는 '경사' 또는 '기울기'를 뜻하는 그리스어 klima에서 유래했다. 태양의 '경사'인 위도에 따라 '기후'가 다르게 나타난다는 점을 과거 사람들은 이미 알고 있었던 게 분명하다. 그렇다면 지구의 기후가 이같이 추워졌다, 따뜻해졌다 하는 이유는 뭘까?

세르비아의 수학자이자 천문학자인 밀란코비치Milutin Milankovitch
는 세 가지 원인을 제시했다. 팽이가 돌 때 중심축이 회전을 하듯
지구의 자전축도 요동치면서 약 2만 6,000년마다 한 바퀴씩 도는
세차 운동을 한다는 점에 주목했다. 또 지구의 공전 궤도(10만 년 주
기) 변화, 지구 자전축 경사(4만 년 주기, 22.1~24.5도) 변화 등 3가지 요
인이 빙하기와 간빙기를 불러온다는 이론이었다.

1914년 밀란코비치 이론Milankovich Theory은 〈빙하 시대에 관한 천
문학적 고찰〉이라는 제목의 논문으로 발표되었다. 지구의 기후가
항상 제자리에 머물러 있는 게 아니라 자연적으로 변화한다는 것
을 과학적으로 입증한 것이다. 학자들은 자연적인 기후 변화를
'기후 변동'이라고 부르기도 한다.

30만 년 전 등장한 인류의 조상 호모 사피엔스는 혹독한 빙하
기를 겪으며 진화와 멸종을 반복했다. 기후가 바뀔 때마다 인류
는 생존을 위해 이동했고 새로운 시대가 펼쳐졌다. 마지막 빙하기
가 끝나고 간빙기에 접어든 이후에는 아프리카와 아시아, 아메리
카에도 인류가 정착할 수 있게 되었다. 따뜻한 기후 덕분에 농사
가 시작되고 문명 시대로 접어들게 된 것이다.

우호적인 기후는 끝났다?
인류세의 등장

지금 우리가 살고 있는 지질 시대는 '신생대 제4기'다. 신생대는 6,500만 년 전부터 170만 년 전까지를 제3기, 그 뒤부터 지금까지를 제4기라고 부른다. 제4기는 다시 플라이스토세와 홀로세로 구분된다. 지금은 1만 년 전 마지막 빙하기인 '플라이스토세'가 끝나고 간빙기인 '홀로세'가 이어지고 있다. 기후가 온난했던 홀로세로 접어들면서 농업이 가능해졌고 문명도 탄생했다. '홀로'Holo는 '모두의' '완전한'이란 의미의 그리스어Holos에서 유래되었다. 추운 빙하기가 끝나고 인류에게 찾아온 홀로세는 그야말로 완전한 기후였다. 지난 몇 천 년 동안의 안정된 기후 덕분에 인간 사회는 지금처럼 발전할 수 있었다. 그러나 영원할 것 같던 홀로세가 끝나고 최근 새로운 시대의 등장이 예고되었다. 2000년 멕시코에서 열린 지구환경 국제회의에서 네덜란드의 대기 화학자인 파울 크뤼천Paul J. Crutzen은 이렇게 말했다. "우리는 이제 홀로세가 아니라 인류세에 살고 있습니다." 인류세는 '인류'anthropos와 '시대'cene의 합성어로 '인류가 만든 지질 시대'라는 의미를 담고 있다. 인류로 인해 빚어진 시대이기에 인류라는 말이 붙은 것이다. 파울 크뤼천은 오존층에 구멍이 생긴 것을 발견해 1995년 노벨 화학상을 받았다. 오존층은 지구로 들어오는 해로운 자외선을 막아 주는 층으로 지상 20~30km 높이의 성층권에 분포한다. 노벨상을 받을 정도로 저명한 과학자의 발언 이후 인류세라는 말은 세계적으로 확산되기 시작했다.

지구가 탄생한 이후 지질 시대는 다세포 생물이 번성한 선캄브리아대에서 시작했다. 이후 최초의 육상 생물이 출현한 고생대, 공룡 등 파충류가 번성한 중생대, 포유류가 번성한 신생대로 구분된다. 그런데 인류세는 지구 역사상 처음으로 인간 스스로가 만든 지질 시대가 될 전망이다.

새로운 지질 시대의 시작을 결정하는 가장 중요한 요인은 자연에 새겨지는 뚜렷한 흔적이다. 고생대 지각에 남아있는 엄청난 수의 삼엽충 화석이나 석탄층, 중생대는 공룡이나 암모나이트 화석을 떠올리면 된다. 그렇다면 과연 인류세가 자연에 남길 지질학적 흔적은 무엇이 될까.

과학자들은 우선 질소를 들고 있다. 2022년 기준 80억 명에 달하는 인구를 먹여 살리기 위한 엄청난 양의 질소 비료가 사용되고 있기 때문이다. 먼 훗날 우리의 후손들은 지층에 나타나는 질소의 특징을 통해 인류세를 구분해 낼 수 있을 것이다.

플라스틱도 유력한 후보다. 산업 혁명 이후 등장한 플라스틱은 이미 심해에서부터 극지까지 널리 퍼져 있다. 바람과 파도에 의해 분해된 플라스틱 입자는 오랜 시간 동안 퇴적층에 쌓여 지질학적으로 관찰할 수 있는 지층으로 굳어질 것이다. 만약 홀로세에서 인류세로 바뀌게 된다면 그 시대를 대표하는 생물종의 변화에도 주목해야 한다. 홀로세에는 야생 동물이 대부분이었지만 지금은 인간이 기르는 가축이 육상 척추동물의 절반 이상을 차지하고 있다. 특히 닭의 경우 지구에 사는 모든 조류를 합친 것보다 개체 수가 많다. 우리나라 국민도 1년에 1인당 닭 20마리를 먹는다. 그래서 인류세를 상징하는 화석이 '닭 뼈'가 될 거라는 우스갯소리가 나올 정도다.

그 밖에도 인류세를 상징하는 대표적인 키워드로는 산업 혁명과 화석 연료, 기후 변화, 대멸종 등으로 꼽는다. 아직 인류세를 공식적으로 지정할지, 언제를 시작으로 할지는 결정되지 않았다. 그러나 한 가지 분명한 것은 인류세가 과거 홀로세처럼 인간에게 호의적이지는 않을 거라는 점이다. 안정적이었던 홀로세에서 다시 불안정한 기후 시대를 살아가게 된 가장 큰 원인은 무엇일까? 바로 산업화와 세계화, 인구 증가로 온실가스 배출이 크게 늘었기 때문이다. 서서히 진행된 자연적인 기후 변동과 달리 인위적인 기후 변화는 짧은 시간 동안 급격하게 일어난다. 인류의 문명은 절정에 달했지만 기후가 불러올 충격에는 과거보다 더 취약해졌다. 그렇다면 인간이 기후를 변화시킬 정도로 많은 온실가스를 배출한 걸까?

지구 역사 '10분간' 벌어진 어마어마한 일들

산업 혁명이 시작된 1850년 영국의 이산화탄소 배출량은 1억 2,300만 t이었다. 1900년에 접어들자 그 양이 4억 2,000만 t으로 늘었다. 50년 만에 3배 이상 증가한 것이다. 그러나 놀랍게도 영국보다 더 많은 이산화탄소를 배출한 나라는 따로 있었다. 1900년 미국의 탄소 배출량은 6억 6,300만 t으로 전 세계에서 가장 많았다. 제1차 세계대전이 끝난 뒤인 1920년대에는 미국의 탄소 배출량이 28억 t 규모로 증가했다. 그러나 최근 들어서는 순위가 조금 달라졌다. 미국의 탄소 배출량은 연간 50억 t 규모로 전 세계 2위를 기록하고 있다. 1위 배출국은 어디일까? 바로 중국이다. 중국은 2011년을 기점으로 최대 배출국이 된 이후 줄곧 불명예스러운 왕좌를 지키고 있다. 현재 중국의 탄소 배출량은 연간 100억 t을 웃돌고 있다.

유럽과 미국이 전통적인 배출국이라면 중국은 신흥 배출국이다. 산업 혁명 이후 전 세계 이산화탄소 누적 배출량은 1조 5,000

억 t이 넘는데 미국이 차지하는 비율이 25% 정도다. 유럽은 22%로 그 뒤를 잇고 있다. 미국과 유럽이 전체의 절반 가까이 배출한 것이다. 중국이 차지하는 비중은 13%로 후발 주자임에도 세 번째로 많다. 얼마나 빠른 속도로 경제 발전이 이뤄졌는지 짐작할 수 있다. 문제는 산업 혁명 이후 200년도 되지 않는 짧은 시간 동안 지나치게 많은 탄소가 배출되었다는 점이다. 기후는 불안정해졌고 수많은 생물이 멸종했다. 과연 인간은 스스로 초래한 인류세에 적응하고 살아남을 수 있을까.

인간의 역사를 '하루'(24시간)라고 하면 우리는 자정을 겨우 10분 남겨 둔 시점에 수렵과 채집 생활을 시작했다. 그러니까 농경과 산업 사회로 진입해 문명을 발달시킨 것은 나머지 10분 사이에 벌어진 일들이다. 10분 동안 도대체 무슨 일이 일어난 걸까. 지구 전체 생명체의 0.01%에 불과한 인간은 야생 포유류의 83%와 식물의 절반을 사라지게 했다. 산업 혁명 이전 유럽에서 평균 수명은 서른다섯 살이었지만 지금은 여든 살에 이른다. 산업 혁명 이전에는 인구가 10억 명으로 늘어나기까지 20만 년이라는 시간이 걸렸지만 80억 명 이상 넘어서기까지 200년도 걸리지 않다. 인간의 끝없는 욕망이 지구를 돌이킬 수 없는 상태로 만든 게 아닐까. 1992년 미국의 사회학자인 앨런 듀링은 《얼마나 많아야 충분한가?》*

---

* Alan Durning, 《How Much Is Enough?: The Consumer Society and the Future of the Earth》, Norton (1992), 200쪽.

라는 책을 발표했다. 미국 인디언들은 평생을 살아가면서 사용하는 물건이 263개 정도에 불과하지만 현대인은 1만 개 이상의 물건을 사용한다고 비판했다. 그만큼 우리는 대량 생산과 소비에 익숙해진 채 살아가고 있는 것이다. 당연히 물질적인 풍요를 얻었지만 잃어버린 것들도 많다.

영국에서 시작된 산업 혁명을 기반으로 지금은 무려 4차 산업 혁명 시대까지 도래했다. 기술이 진화하는 속도는 더 빨라졌다. 2차 산업 혁명(1865~1900년)은 화학과 전기 분야의 기술 혁신을 뜻한다. 1950년대 이후에는 컴퓨터와 인터넷, 인공위성으로 대표되는 3차 산업 혁명, 2000년대 들어선 인공 지능과 로봇, 빅데이터, 사물 인터넷이 이끌어 가는 4차 산업 혁명이 시작되었다. 3차 산업 혁명이 정보화 사회를 불러왔다면 이제는 정보가 초연결되는 디지털 지능화 시대로 전환되고 있다. 구글이나 아마존, 애플, 테슬라 같은 해외 기업들이 대표적이다.

산업 혁명 이후 200년도 지나지 않은 짧은 시간 동안 인류는 엄청난 변화를 겪고 있다. 한 세대를 30년으로 보면 나에서 부모, 할아버지, 증조 할아버지 등 6세대 정도에 불과하다. 할아버지 세대만 해도 '보릿고개'라는 말이 있을 정도로 가난했지만 지금은 음식물 쓰레기와 비만을 걱정하는 사회가 되었다. 그만큼 삶이 풍요로워진 것이다. 스마트폰 없는 일상을 상상하기 힘들듯 현재의 편리한 삶에서 다시 과거로 되돌아가는 일은 불가능할 것이다.

그렇다면 산업 혁명의 부작용을 되돌리기 위해선 어떻게 해야 할까. 과거 역사를 보면 인류의 문명은 절대적으로 에너지에 의존해 왔다는 것을 알 수 있다. 석탄이 대량 생산되면서 석탄에 기반을 둔 경제가 만들어지고 석유가 등장하자 석유를 주축으로 하는 사회로 빠르게 전환되었다. 말이 끄는 마차에서 증기 기관, 자동차가 발명된 것을 보면 알 수 있다. 기업들은 생존과 이익을 위해 에너지 효율을 높이는 방식으로 혁신을 거듭해 왔다. 물론 시간은 걸린다. 그렇다면 첨단 기술의 정점에 서 있는 인류가 화석 연료 대신 재생 에너지를 기반으로 한 사회를 만들겠다고 결심하면 어떻게 달라질까? 여기에는 전 세계가 한 마음으로 동참해야 한다는 전제가 붙는다. 석탄을 사용하는 발전소와 공장, 휘발유와 경유를 넣는 자동차들은 과거에 그래왔던 것처럼 이번에도 변신

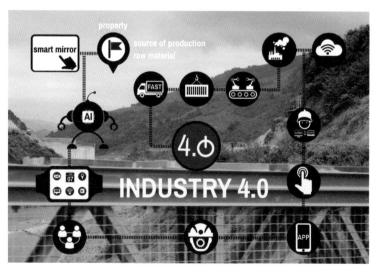

4차 산업 혁명은 정보통신 기술의 융합으로 이루어지는 차세대 산업 혁명이다.

할 수 있지 않을까.

화석 연료에 계속 의지하며 부담이 큰 발전을 이룰 것인지, 아니면 성장 속도가 조금 느려지더라도 새로운 시대로 나아갈지는 더 이상 선택의 문제가 아니다. 생존을 위해 우리에게 남은 시간이 그리 많지 않다는 경고가 나온 지 오래다. 인류가 만든 최초의 지질 시대인 인류세가 어떤 모습으로 후손들에게 기억될지는 지금 우리 손에 달려 있다.

꼭꼭 씹어 생각 정리하기

1. 사람들은 왜 산업 혁명 시대를 '이렇게 좋았던 적은 없었다.'라고 생각했을까요?

2. 끝없는 풍요를 가져다줄 것처럼 보였던 산업 혁명은 왜 위기에 부딪히게 되었을까요?

3. 인류세가 우리에게 주는 의미는 무엇일까요?

2부

기후 위기의
진실과 경고

온실가스가 없었다면 지구는 냉동실

이산화탄소로 대표되는 '온실가스'는 이름 그대로 지구를 따뜻하게 해 주는 기체다. 한겨울에도 온실 안에 들어가면 춥지 않고 포근한 것을 떠올리면 된다. 온실가스는 기후 위기의 주범으로 꼽히고 있지만 그보다 이전에는 지구에 생명체를 탄생시킨 고마운 존재이기도 하다.

모든 에너지의 근원은 태양이다. 태양은 표면 온도가 6,000K(절대 온도)에 이를 정도로 뜨겁기 때문에 주로 가시광선이나 자외선의 형태로 에너지를 방출한다. 반면 지구 표면은 15℃ 정도로 태양과 비교해 온도가 낮아 파장이 긴 적외선을 방출한다. 태양에서 들어온 에너지와 지구가 내보내는 에너지는 항상 평형을 이룬다. 이를 '복사 평형'이라고 하는데, 지구의 온도가 한없이 높아지지 않는 이유이기도 하다.

그런데 지구 대기에 존재하는 온실가스는 지구에 들어오는 태양 에너지는 그대로 통과시키는 반면 지구가 방출하는 긴 파장의 적외선은 흡수한다. 열을 중간에서 가로채 축적하는 셈이다. 온실 가스가 열을 적당히 가두어 준 덕분에 지구에 온기가 퍼져 나갔고 생명체가 탄생하게 되었다.

이산화탄소와 메탄, 아산화질소, 수증기, 프레온 가스CFC(염화불화탄소) 등이 바로 대표적인 온실가스다. 만약 지구 대기에 온실가스가 없었다면 어땠을까. 지구의 평균 기온은 냉동실과 비슷한 영하 15℃까지 떨어져 지금과 같은 모습은 상상할 수 없었을 것이다.

대기가 거의 없는 달에서는 최저 기온이 영하 183℃까지 떨어지고 최고 기온은 127℃까지 올라간다. 화성 역시 이산화탄소 대기층이 있긴 하지만 너무 희박해 겨울에는 영하 140℃, 여름에는 20℃를 오가는 기온 분포가 나타난다. 생명이 존재하기엔 매우 극한적인 조건이다.

온실가스는 지구의 기온을 적당하게 유지해 주는 역할을 하지만 산업 혁명 이후 그 양이 너무 많아져서 문제가 되고 있다. 과거에는 자연적인 화산 활동으로 대기 중에 배출되었다면 지금은 석탄이나 석유 같은 화석 연료가 주요 배출원이다. 인간의 활동으로 발생하는 이산화탄소의 양은 자연적으로 배출되는 양의 100배로 추정된다. 땅속에 있는 화석 연료를 강제로 꺼내 태우면서 짧은 시간에 엄청난 이산화탄소가 대기 중으로 배출된 것이다.

이산화탄소는 한 번 배출되면 최대 200년간 사라지지 않고 대기에 머물러 있다. 지금 즉시 이산화탄소 배출을 멈춰도 이미 배출된 이산화탄소에 의한 온실 효과가 수백 년 뒤까지 지속될 수 있

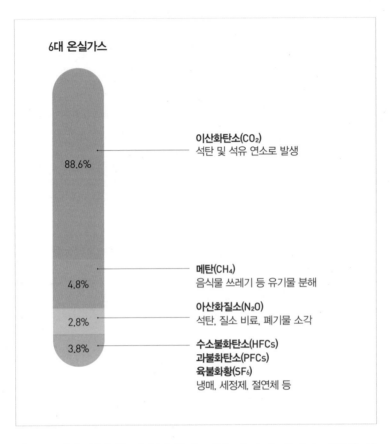

6대 온실가스

88.6%
이산화탄소(CO₂)
석탄 및 석유 연소로 발생

4.8%
메탄(CH₄)
음식물 쓰레기 등 유기물 분해

2.8%
아산화질소(N₂O)
석탄, 질소 비료, 폐기물 소각

3.8%
수소불화탄소(HFCs)
과불화탄소(PFCs)
육불화황(SF₆)
냉매, 세정제, 절연체 등

다는 뜻이다. 주춤할 시간이 없다. 지금 이 순간 우리가 배출한 이산화탄소 역시 수백 년 뒤까지 지구 대기에 머물며 후손들을 괴롭힐지 모른다.

이산화탄소 다음으로 비중이 큰 온실가스는 메탄이다. 메탄의 대기 중 농도는 이산화탄소보다 200분의 1 이상 낮다. 그러나 메탄은 '지구온난화지수'GWP가 21에 달해 지수가 1인 이산화탄소보다 21배나 강력한 온실가스다. 다만 메탄이 대기 중에 머무는 시간은 10년으로 이산화탄소보다 짧다. 따라서 메탄을 작정하고 줄이면 지구의 온도 상승을 줄이는 데 큰 효과를 발휘할 것이란 전망이 나온다.

온실가스와 온난화지수

구분	CO₂*	CH₄	N₂O	HFCs PFCs SF₆
배출원	에너지 사용/ 산업 공정	폐기물 / 농업 / 축산	산업 공정 / 비료 사용	냉매/세척용
지구온난화지수**	1	21	310	1,300~23,900
온난화 기여도(%)	55	15	6	23
국내 총 배출량(%)	88.6	4.8	2.8	3.8

세 번째로 많은 비중을 차지하는 아산화질소(N_2O)는 지구온난화지수GWP가 310으로 이산화탄소보다 310배나 강력한 온실가스다. 대기 중 체류 시간은 121년 정도로 이산화탄소보다 짧고 메탄보다는 길다. 만약 대기 중에 메탄과 아산화질소의 비중이 이산화탄소만큼 높았다면 지구의 기온은 지금보다 훨씬 더 높아졌을 것이다.

---

* CO_2: 이산화탄소, CH_4: 메탄, N_2O: 아산화질소, HFCs: 수소불화탄소, PFCs: 과불화탄소, SF_6: 육불화황.

** 지구온난화지수(GWP, global warming potential): 이산화탄소와 비교한 온실 효과. 100년을 기준으로 CO_2를 1로 볼 때 CH_4 21, N_2O 310, HFCs 1,300, PFCs 7,000, SF_6 23,900.

두 기체 모두 가장 큰 배출원은 농업이다. 산업 혁명으로 인구가 늘어나고 경제가 풍요로워지면서 식단에도 큰 변화가 나타났다. 사람들이 부유해질수록 더 많은 고기와 유제품을 섭취하게 된 것이다. 고기와 유제품을 생산하기 위해서는 많은 사료와 땅이 필요하다. 예를 들어 1칼로리의 닭고기를 얻기 위해선 닭에게 2배나 많은 칼로리를 먹여야 하고 돼지고기의 경우 3배, 소는 6배로 먹여야 한다. 고기 섭취가 늘어날수록 가축들에게 먹일 사료용 식물, 그러니까 예를 들면 옥수수도 더 많이 필요하다는 뜻이다.

전 세계적으로 길러지고 있는 소의 개체 수는 약 10억 마리에 이른다. 소들은 많은 사료를 먹어 치우는 것뿐 아니라 온실가스 배출의 주범으로 지목되고 있다. 소들이 연간 트림과 방귀로 내뿜는 메탄의 양은 이산화탄소 20억 t에 맞먹고 전 세계 온실가스 배출량의 4%를 차지하고 있다.

소나 양, 염소 같은 동물들을 반추 동물이라고 부른다. 사람의 몸에는 위가 1개밖에 없지만 소의 경우 4개나 있다. 소의 위에 있는 박테리아는 장내 발효를 거쳐 소가 먹은 음식을 분해하는데 이 과정에서 메탄이 만들어진다. 이렇게 생산된 메탄은 소의 트림과 방귀로 배출된다.

소의 입장에선 억울할 수 있지만 소는 확실하게 온난화를 가속화하고 있다. 조금 더 정확히 말하면 고기를 즐겨 먹는 인간이 범인이다. 소가 내뿜는 트림과 방귀가 전부는 아니다. 가축이 배설하는 똥이 분해될 때는 엄청난 양의 아산화질소와 메탄, 암모니아가 나온다. 또 옥수수를 키울 때 사용하는 질소 성분의 비료에서도 아산화질소가 배출된다.

　폭발적으로 증가하는 세계 인구를 먹여 살리기 위해 소나 돼지, 닭을 사육하는 규모가 점점 커지고 있다. 최근 미국이나 유럽에선 고기 소비량이 정체되어 있지만 중국 등 개발도상국에선 오히려 급격하게 늘어나는 추세다. 탄소를 흡수하는 숲을 없애고 농장을 만들거나 사료용 옥수수를 키우고 가축에서 나오는 온실가스도 엄청난데, 이대로 고기를 먹어도 될까? 이 때문에 기후 변화를 막기 위해 인류의 고기 소비를 줄여야 한다는 주장이 계속해서 나오고 있다.

'온실 효과'에 주목한 아레니우스

오늘을 살아가는 우리는 기후가 변하고 있고 그 주범이 온실가스라는 사실을 알고 있다. 그러나 상식처럼 여겨지는 이러한 사실이 드러난 것은 그다지 오래되지 않았다. 온실 효과라는 개념이 세상에 처음 등장한 것은 1822년이었다. 프랑스의 수학자 요셉 푸리에Jean-Baptiste Joseph Fourier는 지구의 대기층이 태양 에너지를 흡수해 마치 이불을 덮은 것처럼 지구의 기온을 높인다고 주장했다.

한 걸음 더 나아가 1895년 스웨덴의 화학자 스반테 아레니우스Svante Arrhenius는 온실 효과를 구체적으로 증명한 논문을 발표했다. 대기 중으로 배출된 이산화탄소가 적외선을 흡수함으로써 온실 효과를 불러올 수 있다는 내용이었다. 이산화탄소가 지구를 따뜻하게 해 주는 '온실가스'라는 사실을 처음 발견한 것이다. 온실가스 이산화탄소의 존재가 세상에 알려진 순간이었다. 그는 대기 중에 이산화탄소의 양이 2배가 되면 지구 표면 평균 온도가 5~6℃ 상승할 것이라고 추정했다. 하지만 이산화탄소에 의한 인위적인 기온 상승이 나타나려면 적어도 1,000년은 걸릴 거라고 믿었다. 이산화탄소의 대부분이 바다에 흡수될 거라고 봤기 때문이다.

또 온난화가 불러올 미래를 장밋빛으로 내다봤다. 왜 그랬을까? 아레니우스가 살던 시대는 소빙하기였다. '작은 빙하기'little ice age라는 이름에서 짐작할 수 있듯 전 지구적으로 매서운 추위가 찾아온 시기였다. 14세기 무렵 시작된 소빙하기는 수백 년 동안 이어졌는데, 지금은 얼지 않는 영국의 템스 강도 두껍게 얼어붙어 그 위에서 축제가 열릴 정도였다.

엄혹한 추위 때문이었을까. 아레니우스는 온실 효과가 축복이라고 생각했다. 날씨가 따뜻해지면 더 많은 식량을 생산할 수 있고 추위와 굶주림에 시달리지 않을 거라고 믿었다. 어쩌면 맞는 이야기일지 모른다. 그러나 위대한 과학자라도 예견하지 못한 것이 있었다. 바로 지구 온난화의 속도가 이렇게 빠를 거라고는 상상하지 못했던 것이다.

산업 혁명 이후 200년도 안 되는 짧은 시간 동안 이산화탄소를 비롯한 온실가스는 엄청난 속도로 배출되었다. 지구의 평균 온도는 산업화 이전과 비교해 1℃ 이상 올라갔고 예기치 못한 재난에 지구촌은 비틀거리게 되었다. 지구의 온난화는 더 이상 축복이 아닌 재앙이 된 것이다.

하와이에서 쏘아 올린 작은 공

미국의 화학자인 찰스 데이비드 킬링Charles David Keeling 박사는 이산화탄소 관측에 자신의 인생을 바쳤다. 1958년 미국 스크립스 해양연구소에서 일하던 킬링 박사는 하와이 마우나로아 정상에서 이산화탄소를 측정하기 시작했다. 왜 하필 하와이였을까? 하와이는 오염 물질을 많이 배출하는 공장이나 발전소가 없어서 전 지구적인 탄소 변화를 일정하게 감시하기에 좋은 장소였다. 만약 서울 한복판이었다면 도로에서 쏟아져 나오는 매연이나 가정·공장의 배출 가스에 따라 탄소 농도가 들쭉날쭉했을지 모른다.

1950년대 과학자들은 화석 연료와 이산화탄소 농도 사이의 연결 고리를 찾고 있었다. 하지만 이산화탄소 농도를 정확하게 측정할 수가 없어서 답을 얻지 못하고 있었다. 당시 30대의 젊은 연구원이었던 킬링 박사는 이산화탄소를 쉽고 정확하게 측정하는 방법을 개발해 하와이에서 실제 관측에 나섰다.

킬링 박사는 매일 탄소 농도를 측정하면서 이상한 점을 발견했다. 농도 그래프가 톱니 모양으로 늘었다 줄었다 하는 것이다. 그 원인은 계절 변동 때문이다. 여름에는 식물의 광합성이 활발해 이 산화탄소를 많이 흡수하고 겨울과 봄에는 다시 증가한다. 탄소 농도는 보통 5월에 가장 높고 9월에 가장 낮아지기를 반복했다. 식물 광합성에 따라 이산화탄소 농도가 자연적으로 변하는 것인데 지구가 숨을 쉬고 있다고 생각하면 된다.

두 번째로 발견한 것은 이산화탄소 농도의 꾸준한 상승이었다. 킬링 박사는 1958년부터 2005년까지 50년 가까이 탄소를 측정했다. 그런데 1958년에는 313ppm(피피엠)이었던 탄소 농도가 파죽지세로 올라가 2005년에는 379ppm을 기록했다. ppm은 100만 분의 1을 표시하는 단위로 379ppm은 공기 분자 100만 개 중에 379개의 이산화탄소가 포함돼 있다는 뜻이다.

킬링 박사가 세상을 떠난 뒤에도 탄소 관측은 멈추지 않았다. 2015년 전 지구 이산화탄소 농도가 처음으로 400ppm에 도달했고 2021년 기준 415ppm 선도 넘었다. 최근 이산화탄소 상승률은 매년 2ppm을 웃돌고 있다.

지구의 이산화탄소 농도가 420ppm보다 높았던 시기는 신생대 제3기 플라이오세기에도 있었다. 500만 년 전쯤인데, 당시 해수면 높이는 지금보다 24m 높았고 기온도 산업화 이전과 비교해 7℃ 더 높았다. 현재 이산화탄소 농도가 415ppm에 이르고 기온은 산업화 대비 1℃ 조금 넘게 올랐으니 앞으로 이산화탄소 농도가 420ppm이상까지 높아지면 어떤 일들이 닥칠지 그려 볼 수 있다.

킬링 박사가 평생을 바쳐 탄소를 측정한 결과 이산화탄소가 계절 변동을 넘어 매년 급격히 상승하고 있다는 사실이 드러났다. 이산화탄소 농도 변화를 보여 주는 한 장의 그래프는 킬링 박사의 이름을 따서 '킬링 곡선'Keeling curve이라고 불린다. 영국의 과학저널 〈네이처Nature〉는 이산화탄소 측정 50년을 맞아 2007년 표지 사진으로 '킬링 곡선'을 실었다. 또 2007년 노벨 평화상은 앨 고어Albert Arnold Gore Jr. 전 미국 부통령과 유엔 산하 '기후 변화에 관한 정부 간 협의체'IPCC가 수상했다. 기후 변화의 진실을 알리고 경각심을 불러일으켰다는 이유다. 앨 고어 전 미국 부통령은 〈불편한 진실〉이라는 환경 다큐멘터리를 만들었다.

이후 과학자들은 남극과 그린란드의 얼음을 뚫어 그 속에 포함된 공기 방울의 구성 성분을 분석해 과거의 기후를 복원해 나갔다. 그 결과 산업 혁명 이전에는 대기 중 이산화탄소 농도가 280ppm 수준이었음을 밝혀냈다. 더 오래 전 얼음을 분석해 대략 80만 년 전의 기후까지 재현해 보니 날씨가 추웠던 빙하기의 이산화탄소 농도는 200ppm 아래로 떨어졌고 간빙기에는 250ppm까지 올라가기를 반복했다. 이산화탄소 농도와 지구의 기온 사이에 뚜렷한 상관관계가 드러난 것이다.

그러나 과거 역사를 아무리 길게 복원해 봐도 지금의 이산화탄소 농도는 전례 없는 일이었다. IPCC는 2019년 기준 410ppm이라는 전 세계 평균 이산화탄소 농도는 지난 200만 년 동안 단 한

번도 없었던 일이라고 2021년 6차 〈제1실무그룹 보고서〉에서 밝혔다. 온실가스인 이산화탄소는 지구를 뜨겁게 만들었다. 산업 혁명 초기에는 대기 중으로 배출된 많은 양의 오염 물질 때문에 오히려 기온이 떨어졌다. 아황산가스 같은 황산화물은 화산재와 비슷하게 대기 성층권까지 올라가 햇볕을 막는다. 그러나 1900년대 이후에는 상황이 달라졌다. 이산화탄소를 포함한 온실가스의 양이 폭발적으로 늘었고 지구는 더워지기 시작했다.

끝없이 상승하는 킬링 곡선은 이제 '죽음의 곡선'Killing Curve으로 불리고 있다. 킬링 곡선을 보고 있으면 인류의 턱밑까지 차오른 위태로운 해수면처럼 보이기도 하고 동시에 멈출 줄 모르는 인간의 욕망이 하염없이 연상되기도 한다. 과연 킬링 곡선의 상승세는 언제쯤 멈출 수 있을까?

킬링 곡선

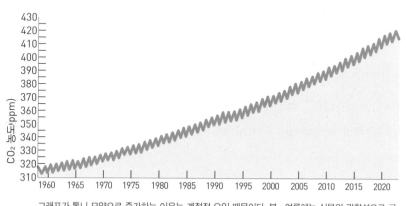

그래프가 톱니 모양으로 증가하는 이유는 계절적 요인 때문이다. 봄·여름에는 식물의 광합성으로 공기 중 CO_2 농도가 감소하나 가을·겨울이 되면 증가한다.

"기후 위기는 인간의 탓"
IPCC의 경고

킬링 박사가 하와이에서 하루도 빠짐없이 이산화탄소를 측정한 덕분에 전 세계적으로도 지구 온난화의 심각성이 알려지게 되었다. 1972년 이탈리아 로마에서 열린 국제회의에서 〈성장의 한계〉라는 보고서가 발표되었다. 경제가 기하급수적으로 성장하는 것과 달리 자연은 유한하다는 내용을 담고 있었다. 이 자리에서 과학자들은 지구의 기온이 상승하고 있다는 것을 처음으로 인정했다.

1980년대에 들어서는 전 세계가 이상 기후로 신음하기 시작했다. 지구 온난화에 대한 논쟁이 치열해졌고 1985년 세계기상기구 WMO는 온난화의 원인이 이산화탄소라고 공식 선언하기에 이르렀다. 하지만 이때까지는 이산화탄소가 어디에서 배출되는지 구체적으로 알지 못했다.

1988년 미국 전역에 극심한 가뭄이 찾아왔다. 미국 상원 공청회에서 가뭄의 원인을 놓고 뜨거운 논쟁이 벌어졌고 이 자리에는 저명한 과학자가 증인으로 나섰다. 주인공은 바로 제임스 한센James E. Hansen 미 항공우주국NASA 박사였다. 그는 가뭄의 원인이 이산화탄소에 의한 이상 기후의 영향일 확률이 99%라고 증언했다.

이를 계기로 1988년 유엔 산하 국제 협의체로 '기후 변화에 관한 정부 간 협의체'가 만들어졌다. 직접 연구와 관측을 하지는 않지만 IPCC를 구심점으로 전 세계 과학자들이 모여 기후 변화에 관한 과학적인 증거들을 수집하기 시작했다. 과학자들의 집단 지성이라고 보면 된다. 우리나라에서도 기상청을 비롯해 많은 과학자들이 IPCC 보고서 작성에 참여하고 있다.

IPCC의 역사적인 첫 보고서는 1990년에 나왔다. 기후 변화에 관한 과학적인 근거를 제시했는데 이산화탄소의 온실 효과가 전체의 절반 이상을 차지한다고 강조했다. 지금 수준으로 경제 활동을 계속한다면 10년마다 0.3℃씩 지구의 온도가 올라갈 거라는 예측도 담겨 있었다. 이를 계기로 온실가스의 배출량을 줄여야 한다는 국제사회의 목소리가 높아지기 시작했다.

보고서가 나온 지 2년 뒤인 1992년 브라질 리우에서 열린 환경회의에서는 유엔기후변화협약UNFCCC이 채택되었다. 지구 온난화에 따른 이상 기후를 막기 위해 전 세계가 힘을 모으기로 합의한 것이다. 우리나라는 1993년에 협약에 가입했다. 기후 변화에 대한 과학적인 증거들을 수집하는 것과 동시에 인류 공동으로 온실가스를 줄이자는 거대한 목표가 세워졌다.

1995년 IPCC의 두 번째 보고서가 세상에 발표되었다. 보고서는 기후 변화의 원인이 인간임을 확인했고 2차 보고서의 파장으로 1997년 교토의정서가 채택되었다. 교토의정서는 선진국에게 온실가스 감축 의무를 지운 조약이다.

이어지는 3차, 4차 보고서는 기후 변화의 진실에 한 걸음 더 다가갔으며 2007년 IPCC에게 노벨 평화상을 안겨 줬다. 시간이 지날수록 기후 변화의 실체는 뚜렷해졌고 그 원인이 인간에 있을 가능성이 높아져 갔다.

2014년 5차 보고서에는 온난화가 인간의 영향으로 발생했을 확률이 95%라는 분석이 실려 있었다. 이산화탄소가 앞으로 전혀 배출되지 않아도 기후 변화가 수백 년 동안 지속될 수 있다는 암울한 전망도 추가됐는데 날이 갈수록 과학 기술이 발전하면서 IPCC 보고서는 진화하는 모습을 보여 주었다. 5차 보고서는 특히 산업화 대비 2℃ 이상 기온이 오르게 되면 인류에게 심각한 위협이 될 거라고 경고했다. 결국 2015년 파리협정이 채택되었고 교토의정서 이후 새로운 기후 체계가 시작되었다. 여기에서 멈추지 않고 2021년 IPCC 6차 보고서(제1실무그룹)는 "인간의 영향에 의한 온난화는 명백한 사실"이라며 그 가능성을 한 단계 더 높였다.

약 5~8년마다 세상에 공개되는 IPCC 보고서를 보면 어마어마한 파급력과 함께 시간을 거듭할수록 그 메시지가 명확해졌다는 점을 알 수 있다. 3차 보고서에서 "온난화가 인간 활동에서 기인했다는 증거가 있다"라는 부분은 4차 보고서에서 "가능성이 매우 높다"로 바뀌었다. 또 "온난화는 명백한 사실"이라고 했던 5차

현대의 기후 변화는 급격하며 자연스럽게 점진적으로 발생하는 현상이 아니다.

보고서가 6차 보고서에선 "인간 영향에 의한" 온난화는 명백한 사실로 진화했다. 지구 온난화를 수사하던 경찰이 용의자의 범위를 좁혀 오다가 30년 만에 범인이 인간이라는 사실을 밝힌 셈이다. 과학수사 기법이 발전하면서 인간이 범인일 확률은 99% 이상으로 높아졌고 불확실성은 크게 줄었다. 6차 보고서 작성에 참여한 전 세계 과학자들만 1,000명에 달하고 참고한 논문만 14,000여 편에 이른다. 덕분에 온난화는 허구라거나 자연적인 기후 변화라는 반대 논리도 최근 들어 힘을 잃었다. 이제 인간에 의한 온난화라는 진실에 관해 우리 앞에는 행동이라는 과제만이 남아있다.

산업화 이전보다
1℃ 이상 뜨거워진 지구

　가장 최근에 나온 IPCC 6차 제1 실무그룹 보고서의 내용을 간단하게 살펴보자. 2011~20년 전 지구 지표면 온도는 산업화 이전(1850~1900년)과 비교해 1.09℃ 상승했다. 5차 보고서에서 기온 상승폭은 0.78℃였는데 7년 만에 지구의 기온이 0.31℃ 더 올라간 것이다. 2015년 파리협정에서 인류 생존을 위한 마지노선으로 약속한 1.5℃까지 이제 0.41℃밖에 남지 않았다.

　이대로라면 지구의 기온이 산업화 이전과 비교해 1.5℃ 높아지는 시점은 지금부터 20년 안에 찾아올 것으로 예측되었다. 지구의 온도 상승은 대기 중에 누적되어 있는 이산화탄소의 양에 비례하기 때문에 2040년 이전이라도 언제든지 '1.5℃ 온난화'에 도달할 가능성이 높다.

　뜨거운 육지 못지않게 바다도 심상치 않다. 전 지구의 평균 해수면 높이는 1901~2018년 사이에 0.2m(20cm)나 상승했다. 해수면이 올라가는 속도는 1901~71년에는 매년 1.3mm였지만 2006~18년에는 3.7mm로 2.85배 빨라졌다.

해수면 상승의 단위가 mm여서 작게 느껴질 수도 있다. 그러나 아주 오랜 시간 동안 지속적으로 해수면이 높아지고 있기 때문에 간과할 수 없다. 해수면이 높아지면 해안가나 섬 지역은 침수와 해일 피해가 커지고 잦은 태풍에 시달리며 사람이 살 수 없는 땅으로 변하게 될 확률이 높다. 전 세계 주요 도시의 3분의 2는 해안가에 위치하고 있다. 미국의 뉴욕이나 마이애미, 우리나라의 부산 같은 도시는 모두 해안가에 위치하고 있고 많은 사람들이 거주하고 있어 더 큰 피해가 우려된다.

지구의 온도를 이렇게 끌어올린 주범은 바로 인간이 배출한 온실가스다. 더 이상 회피할 수도, 부정할 수도 없는 명백한 사실이다. 5차 보고서가 나올 때만 해도 전 지구 이산화탄소 농도는 391ppm이었다. 하지만 가장 최근에 나온 6차 보고서에서는 410ppm으로 증가했다. 2015년 처음으로 '마의 벽'이라고 불리던 400ppm을 넘어선 데 이어 4년 만인 2019년에 410ppm 선을 돌파한 것이다.

굳이 이산화탄소 농도를 알지 못하더라도 우리는 기후 위기를 체감하며 살아가고 있다. 2010년대 들어서 해마다 지구의 평균 기온이 역대 최고를 기록하는 일이 반복되고 있다. 특히 2015년부터 2022년까지 8년 연속 관측 이후 가장 따뜻한 해가 이어지고 있다. 가장 뜨거웠던 해는 2016년이었다. 지구가 뜨거워지면서 예기치 못한 재해도 늘어나고 있다.

우리나라에도 3년 연속 이상 기후가 찾아왔다. 2018년에는 30일이 넘는 폭염으로 온열 질환 사망자만 48명에 달했다. 집계를 시작한 이후 가장 많은 수치였다. 2019년에는 60년 만에 가장 많은 7개의 태풍이 한반도를 할퀴고 지나갔다. 2020년에는 중부 지방에서 장마가 54일간 지속되었다. 이 역시 최장 기록으로 비와 홍수 피해는 눈덩이처럼 불어났다.

IPCC가 기후 변화에 관한 과학적인 증거들을 전 세계에 공개할 때마다 엄청난 파장을 일으켰다. 기후 변화의 속도를 늦추지 않으면 인류에게 파국이 찾아올 거란 위기감이 커져 갔고 온실가스를 줄이기 위한 국제적인 노력에 박차를 가했다.

"탄소를 줄여라"
첫 강제 조약 '교토의정서'

여러분이 파리협정 세대라면, 필자는 교토의정서 세대다. 교토의정서는 IPCC가 만들어진 뒤 9년 만인 1997년에 채택된 국제협약이다. 발효 시점은 2005년이다. 38개 선진국을 대상으로 온실가스를 줄이도록 의무화했는데 당시 우리나라는 개발도상국으로 분류돼 의무 감축 대상국에서 제외되었다.

이전에 만들어진 유엔기후변화협약이 자발적인 참여를 전제로 했다면 교토의정서는 감축 목표를 정하고 이행하게 한 최초의 강제 조약이었다. 2008년부터 2012년까지 38개 선진국은 온실가스 배출량을 1990년 수준보다 최소 5.2% 줄여야 했다. 감축 대상은 이산화탄소와 메탄, 아산화질소, 과불화탄소, 육불화황, 수소불화탄소 등 총 6가지였다.

교토의정서에서 새롭게 등장한 개념은 탄소 배출권이었다. 국가나 기업마다 정해진 온실가스 배출량이 있는데, 온실가스를 적게 배출하면 남은 배출권을 다른 나라에 팔 수 있다. 온실가스를 줄이기만 해도 돈을 벌 수 있다는 뜻이다. 탄소 배출권 제도를 통해 온실가스라는, 보이지 않는 상품이 거래되면서 기후 변화도 늦추고 경제적 이익도 거둘 수 있게 되었다. 탄소를 줄이기 위한 기술을 개발하기 위한 노력에도 가속도가 붙게 되었다.

그러나 교토의정서가 발효되기까지 우여곡절도 많았다. 교토의정서 발효에 필요한 조건은 두 가지였다. 일단 전 세계 55개국 이상의 참여가 필요했다. 또 협약에 참여하는 38개 선진국의 온실가스 배출량이 전 세계 배출량의 55% 이상을 차지해야 했다.

그런데 2001년 세계에서 가장 많은 이산화탄소를 배출하는 미국이 돌연 탈퇴하면서 발효가 불투명해졌다. 당시 미국의 조시 W. 부시George Walker Bush 대통령은 교토의정서가 선진국에게만 탄소를 줄이라고 하는 점에 강하게 반발했다. 탄소를 많이 배출하는 중국과 인도, 브라질 같은 나라를 대상에서 제외한다면 선진국이 아무리 탄소를 줄여도 밑 빠진 독에 물 붓는 것과 다름없다는 주장이었다.

경제적인 계산도 있었다. 미국은 1990년 대비 온실가스의 7%를 줄여야 하는데 이 목표를 달성하기 위해선 매년 4,000억 달러의 엄청난 비용이 들 것으로 예측되었다. 부시 대통령은 교토의정서를 거부하면서 "우리 경제에 위협이 되고 미국의 노동자들을 해치는 계획을 받아들이지 않을 것"이라고 말했다. 미국과 함께 교토의정서를 탈퇴한 호주 역시 "경제 성장을 희생하면서 기후 변화 문제를 해결하겠다는 발상은 비현실적일 뿐 아니라 호주 국민들이 용납하지 않을 것"이라고 밝혔다. 다행히 러시아가 극적으로 참여하면서 2005년 교토의정서는 법적 효력을 발휘하게 되었다.

교토의정서가 채택된 것은 전 세계가 기후 변화의 심각성을 인정하고 즉각적인 탄소 감축이 필요하다는 데 동의했기 때문이다. 그러나 발효까지 8년이나 걸린 이유는 미국과 호주의 사례에서 보듯 아무리 선진국이라도 탄소를 줄이는 과정에 많은 비용이 들기 때문이다. 이전처럼 화석 연료를 쓰면 적은 비용으로도 경제 성장을 유지할 수 있는데 말이다.

전 세계 탄소의 절반 이상을 배출한 책임이 있는 선진국만 대상으로 하는데도 불만이 터져 나오는 것을 보면 알 수 있다. 심지어 부시 대통령은 기후 변화가 온실가스에 의해 발생했다는 인과관계가 불확실하다고 주장하기도 했다. 멀리 미국의 사례를 볼 것도 없다. 우리나라는 의무 감축국에 포함되지 않았지만 다른 선진국들처럼 5% 정도 온실가스를 줄일 경우 실질 GNP가 연간 수십 조 원이나 감소하는 것으로 전망되었다. 경제 개발이 한창이던 시기에 교토의정서는 국내에서도 달갑지 않은 존재로 여겨졌다.

2012년 효력이 끝난 교토의정서는 2020년까지 연장되었다. 호주를 포함해 유럽연합 등 34개국이 의무 감축국으로 정해졌고 1990년 대비 온실가스를 최대 20% 줄이기로 합의했다. 그러나 미국과 캐나다, 러시아, 일본이 또 발을 빼버렸다. 중국과 인도는 여전히 감축 의무를 지지 않아 '반쪽짜리' 협약으로 전락하고 말았다.

선진국, 후진국
따지지 않는 '파리협정'

2015년 11월 30일부터 12월 11일까지 프랑스 파리에서는 제21차 유엔기후변화협약 당사국 총회가 열렸다. 총회가 끝나고 하루 뒤인 12월 12일 전 세계 195개국은 파리협정을 채택했다. 2020년 만료된 교토의정서를 대체할 새로운 기후 협정이 탄생한 것이다.

교토의정서가 지닌 한계를 극복하기 위해 파리협정은 선진국뿐 아니라 전 세계가 탄소 줄이기에 나서야 한다고 강조했다. 우리나라도 국제사회의 기후 변화 대응 노력에 동참하기 위해 2016년 12월 파리협정을 발효했다.

파리협정의 핵심 목표는 지구의 기온 상승 폭을 산업화 이전과 비교해 2℃, 가급적 1.5℃ 아래로 억제하는 것이다. 파리협정에는 종료 시점이 따로 없다. 모든 국가가 이산화탄소의 순 배출량을 0으로 만드는 것을 최종 목표로 한다. 이것이 바로 탄소중립, 또는 넷 제로net zero라는 개념이다.

그런데 왜 2℃가 아닌 1.5℃일까? 지구의 평균 기온이 산업 혁명 이전보다 2℃가 올라가면 생물종의 20~30%가 멸종하는 등 끔찍한 재앙이 예고되어 있기 때문이다. 2℃면 작게 느껴질 수 있지만 지구 전체의 평균이라는 점에서 엄청난 변화를 의미한다.

사람의 체온은 항상 36.5℃로 유지된다. 여기에서 1~2℃만 올라가도 열이 나고 몸을 제대로 가누기 힘들어진다. 열사병에 걸리면 체온이 40℃ 가까이 올라간다. 고온을 견디지 못해 몸의 장기가 손상되고 결국 죽음에 이를 수 있다.

마찬가지로 지구의 평균 기온이 2℃가 올라가는 상황은 파국을 의미한다. 파리협정에서 약속한 1.5℃는 인류의 파국을 막기 위한 마지노선인 셈이다. IPCC 6차 보고서에 따르면 산업 혁명 이후 지구의 평균 기온은 이미 1.1℃ 올라갔다. 우리에게 남은 온도는 0.4℃에 불과하다.

교토의정서가 온실가스 배출량을 줄이는 데 집중했다면 파리협정은 감축뿐 아니라 기후 변화 적응과 완화, 후진국에 대한 지원 등에도 관심을 기울였다. 교토의정서가 채택된 1997년과 비교해 2015년은 이미 '뉴노멀'new normal이라는 얘기가 나올 정도로 기후 변화가 가속화되었다. 비정상적인 기후가 일상이 되면서 기후 변화에 적응하고 그 영향을 완화시키는 일이 무엇보다 중요해졌다.

선진국 38개국에 감축 의무를 부여한 교토의정서와 달리 파리협정은 195개국을 대상으로 한다. 전 세계 거의 모든 나라에 해당되는데 교토의정서의 한계를 보완한 것이다. 선진국은 온실가

교토의정서와 파리협정의 차이점

구분	교토의정서	파리협정
목표	온실가스 배출량 감축 (1차: 5.2%, 2차: 18%)	2℃ 목표, 1.5℃ 목표 달성 노력
범위	주로 온실가스 감축에 초점	온실가스 뿐 아니라 적응, 재원, 기술 이전, 역량 배양, 투명성 등 포괄
감축 의무 국가	선진국(38개국)	모든 당사국(195개)
목표 설정 방식	하향식	상향식
목표 불이행 시 징벌 여부	징벌적	비징벌적
목표 설정 기준	특별한 언급 없음	진전 원칙
지속 가능성	공약 기간에 종료 시점 있어 지속 가능성에 대한 의문	종료 시점 규정하지 않아 지속 가능한 대응 가능

ⓒ 환경부

스 배출량의 절대량을 줄이고 개발도상국은 경제 전반에 걸친 감축 방식을 사용하도록 권장하는 등 국가의 책임 수준에 따라 감축 의무를 설정했다. 당사국들은 스스로 정한 감축 목표NDC, nationally determined contributions를 5년마다 제출해야 하고 주기적으로 이행 내용을 점검받게 된다.

파리협정은 선진국이 개발도상국과 후진국을 도와야 한다는 원칙도 분명히 했다. 탄소 배출의 책임을 두고 선진국, 후진국 나눠서 싸움만 하다가는 인류가 파국으로 향할 수 있다는 절박함이 커진 것이다. 미국과 유럽이 전면에 나선다고 해도 중국과 인도가 탈퇴하면 아무 소용없다. 그런 사유로 선진국은 탄소 감축이나 재생 에너지 기술 보급과 경제적인 지원을 해야 하는 의무를 지게 되었다. 파리협정으로 유럽은 가장 먼저 탄소 배출량을 '0'으로 줄이는 탄소중립 경제를 실현하겠다고 발표했다. 아시아에서는 중국, 일본에 이어 우리나라도 녹색 물결에 동참했다. 미국의 경우 이번에도 소동이 있었다. 도널드 트럼프Donald Trump 행정부가 2017년 6월 파리협정 탈퇴를 선언한 것이다. 앞서 조지 부시 대통령이 교토의정서를 탈퇴한 것과 비슷한 이유에서였다. 미국은 2019년 11월 파리협정 탈퇴를 유엔UN에 공식 통보했다.

다행히 2020년 미국 대통령 선거에서 트럼프는 재선에 실패하고 민주당의 조 바이든Joe Biden 후보가 당선되었다. 2021년 1월 20일 대통령에 취임한 바이든은 즉시 파리협정에 재가입하는 것으로 트럼프의 결정을 되돌려 놓았다. 누가 대통령이 되느냐가 얼마나 중요한지 보여 주는 대목이다. 만약 트럼프 정부가 지금까지 집권하고 있었다면 교토의정서에 이어 파리협정도 미국의 탈퇴로 좌초했을 가능성이 높으리라 여겨진다.

파리협정 이후 6년 만에 탄생한
글래스고 기후 합의

2021년 10월 31일 영국 글래스고에서 제26차 유엔기후변화협약 당사국 총회COP26, Conference of the Parties 26가 개최되었다. 6년 전 발표된 파리협정을 점검하고 기후 위기에 대응할 새로운 목표를 설정하기 위한 자리였다. 코로나19 대유행으로 2년 만에 열린 총회였지만 이를 지켜보는 전 세계의 시선은 뜨거웠다. 197개국 대표단은 2주간 치열한 협상을 벌인 끝에 '글래스고 기후 합의'Glasgow Climate Pact를 만장일치로 채택했다.

주요 내용을 보면 전 세계는 2050년 탄소중립을 위한 '2030년 국가 온실가스 감축 목표'NDC를 제출해야 한다. 시급한 온난화를 억제하기 위해 온실가스 감축 목표는 지금보다 더 높이기로 했다. 이미 제출된 목표대로라면 지구의 온도 상승폭이 2℃를 넘어 최대 2.4℃에 이를 것으로 예측되었기 때문이다. 특히 중국과 인도, 러시아 등 주요 온실가스 배출국의 목표 수준이 낮은 것이 문제였다.

합의문에 최초로 석탄 발전소의 단계적 감축과 화석 연료 보조금의 폐지를 촉구하는 내용이 실린 부분도 주목해야 한다. 전 세계 정상들은 석탄 발전을 단계적으로 줄이고 화석 연료에 지원하던 보조금을 중단하기로 합의했다. 선진국의 책임과 지원에 관한 내용도 핵심 의제로 다뤄졌다. 탄소를 많이 배출해서 부자가 된 선진국은 개발도상국이 기후 변화에 적응할 수 있도록 지원해야 한다. 기후 변화에 취약한 나라를 돕기 위해 현재 천억 달러인 기후 기금을 더 늘리자는 내용도 포함되었다.

난관도 많았다. 중국과 인도의 반대로 석탄 발전 '중단'은 한 걸음 물러난 '감축'으로 바뀌었다. 2030년까지 메탄 배출량을 30%

영국 글래스고에서 막을 내린 제26차 유엔기후변화협약 당사국 총회에서 기후 위기를 막기 위한 대책인 '글래스고 기후 조약'에 합의했다. ⓒ연합뉴스

파리협정을 지지하는 플래카드

감축하자는 약속에는 한국을 포함해 105개 나라만 동참했다. 우르줄라 폰데어라이엔Ursula von der Leyen 유럽연합 집행위원장은 글래스고 기후 합의가 기대 이하라고 혹평했다. 특히 석탄을 완전히 퇴출하는 데 실패한 점이 가장 실망스럽다고 지적했다.

　파리협정이 기후 변화에 대응하기 위한 큰 틀을 제시했다면 글래스고 기후 합의는 이를 실행하기 위한 한 걸음을 뗀 것이라고 볼 수 있다. 기후 변화의 심각성을 인정한다면서도 자국의 이익을 대변하다 보니 기대에 못 미치는 결론이 나온 것이 사실이다. 그렇다면 구체적인 온실가스 감축 목표는 어느 정도로 제시되었을까?

생존을 위한 탄소중립,
전 세계의 목표는?

우리나라는 2030년까지 온실가스 배출량을 2018년과 비교해 40% 줄이기로 했다. 2019년에 세운 목표는 2017년 대비 24.4% 감축이었다. 그러나 글래스고 기후 합의에 따라 40%로 높인 것이다.

다른 나라의 감축 목표는 훨씬 더 강력하다. 유럽연합은 감축 목표를 1990년 대비 40%에서 55%로 높였다. 영국도 1990년 대비 57%에서 68%로 상향 조정했다. 전 세계 두 번째 온실가스 배출국인 미국 역시 2005년 대비 25% 수준이었던 감축 목표를 50~52%로 높여 잡았다. 일본은 2013년 대비 26%였던 감축 목표를 46%로 올렸다.

그러나 아직 갈 길은 멀다. 러시아의 경우 2030년 온실가스 배출량을 1990년보다 30% 감축하겠다는 목표를 내놓은 뒤 상향 조정하지 않고 있다. 중국과 인도는 제대로 된 목표치를 발표하지 않았다. 중국은 절대적인 배출량을 줄이는 게 아니라 국내 총생산

주요 국가 2030 NDC 비교

국가	탄소중립 선언 후
EU	1990년 대비 최소 55% 감축
영국	1990년 대비 68% 감축
미국	2005년 대비 50~52% 감축
캐나다	2005년 대비 40~45% 감축
일본	2013년 대비 46% 감축

주요 국가별 NDC는 기후 변화 협정에 참가국이 스스로 정하는 국가 온실가스 감축 목표를 의미한다.
©문화체육관광부 국민소통실

GDP 대비 탄소 배출량을 2005년 대비 65% 감축하겠다고 밝혔다. 중국의 경제 성장이 계속되면 국내총생산도 늘어날 수밖에 없기 때문에 결국은 실질적인 감축이 아니라는 비판이 나온다.

인도는 한술 더 떠 온실가스 감축 목표 자체를 제출하지 않았다. 중국은 그나마 탄소중립 시기를 2060년으로 내세웠지만 인도는 발표를 거부하고 있다. 인도는 선진국이 이미 막대한 탄소를 배출하고 난 뒤 개발도상국에게 의무를 부여하는 것 자체가 큰 문제라고 반발하고 있다.

글래스고 합의는 전 세계 모든 국가에 적지 않은 숙제를 남겼다. 이번 회의를 계기로 많은 국가들이 탄소중립 계획을 발표하고 온실가스 감축 목표를 상향했지만 여전히 1.5℃ 목표 달성에는 역부족이다. 합의에 참여한 국가들이 자발적으로 자국의 목표를 검토해 제출하도록 했지만, 강제성이 없다는 점이 발목을 잡는다.

2030 NCD 부문별 주요 감축 방안

전환

▎석탄 발전 축소* 41.9% → 21.8%
▎신재생 에너지 확대* 6.2% → 30.2%
　(2018년 기준 대비)

산업

▎철강 공정 전환(전기로 등)
▎석유화학 원료 전환(바이오 납사 등)
▎시멘트 원재료 전환
　(유연탄 → 폐합성수지)

건물

▎제로 에너지 건축 활성화
▎에너지 고효율 기기 보급
▎스마트 에너지 관리

수송

▎대중교통 중심 교통 체계
　(자동차 주행거리 감축)
▎무공해차 보급 확대(450만대)
▎바이오 디젤 혼합률(3% → 8%)

농축수산

▎논물 관리방식 개선
▎비료사용 저감
▎저메탄 사료 공급 확대
▎가축 분뇨 질소저감

폐기물

▎폐기물 감량* 재활용 확대
　(2023년 기준 대비 17%)
▎바이오 플라스틱 보급
▎매립지 등 메탄가스 회수

ⓒ환경부

그러나 글래스고 합의는 각국이 제출한 목표를 정기적으로 꼼꼼히 들여다보겠다는 의지를 분명히 했다. 2023년에는 세계적인 점검이 이뤄지고 2024년에는 이행 경과 보고서를 투명하고 상세하게 검증하게 된다.

우리나라 역시 국가 온실가스 감축 목표를 이미 제출한 만큼 매년 얼마나 많은 탄소를 줄이고 있는지 구체적으로 점검해 나가야 한다. 화석 연료를 단계적으로 줄여 나가고 기업들은 탄소중립을 향한 기술 개발에 박차를 가해야 한다. 중국과 인도처럼 시간을 끌수록 불리해진다는 점을 명심해야겠다. 우리나라의 탄소 배출량은 전 세계 10번째 안에 들 정도로 많다. 뼈를 깎는 노력이 없다면 탄소중립을 실현하기는 불가능하다. 이제 남은 시간도 많지 않다.

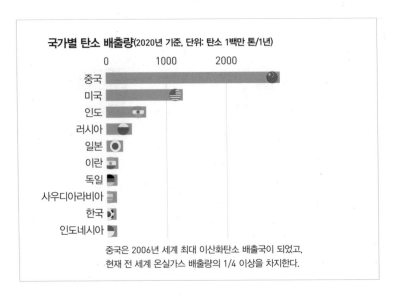

국가별 탄소 배출량(2020년 기준, 단위: 탄소 1백만 톤/1년)

중국은 2006년 세계 최대 이산화탄소 배출국이 되었고, 현재 전 세계 온실가스 배출량의 1/4 이상을 차지한다.

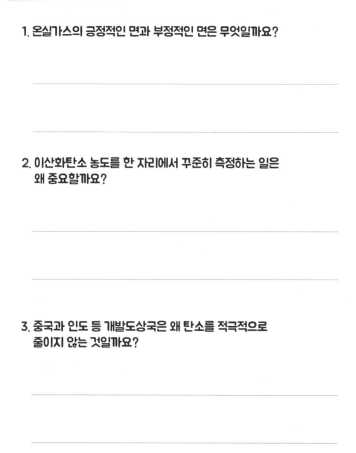

꼭꼭 씹어 생각 정리하기

1. 온실가스의 긍정적인 면과 부정적인 면은 무엇일까요?

2. 이산화탄소 농도를 한 자리에서 꾸준히 측정하는 일은 왜 중요할까요?

3. 중국과 인도 등 개발도상국은 왜 탄소를 적극적으로 줄이지 않는 것일까요?

3부

탄소중립, 어떻게?

탄소중립 의미는?

2050년 우리나라는 탄소중립을 달성하겠다는 강력한 목표를 세웠다. 일단 2030년까지 온실가스 배출량을 2018년과 비교해 40% 줄여야 한다. 이러한 감축 목표를 담은 '탄소중립·녹색성장기본법(약칭: 탄소중립기본법)'이 2022년 3월 25일부터 시행되었다. 탄소중립에 관한 법을 만든 것은 전 세계에서 열네 번째였다.

여기에서 탄소중립의 정확한 의미를 짚고 가자. 탄소중립이라는 말과 함께 많이 쓰는 용어가 바로 '넷 제로'다. 탄소중립 또는 '넷 제로'는 탄소를 배출한 만큼 흡수해 '순배출량'이 '0'이 되는 상태를 의미한다. 탄소의 배출량을 아예 0으로 만드는 것이라고 착각하기 쉽지만 그런 뜻은 아니다.

자연 상태에서도 화산이 폭발할 때 어마어마한 양의 이산화탄소가 배출된다. 그러나 대부분이 화학적 풍화 작용을 거쳐 광물로 변하거나 바다에 녹고 숲이나 토양에 흡수된다. 자연 상태에서는 탄소의 배출과 흡수 사이에 균형이 이뤄졌고 이산화탄소 평균 농도는 산업 혁명 전까지만 해도 약 280ppm 수준으로 일정하게 유지되었다.

그런데 산업 혁명으로 인간 활동에 의한 이산화탄소 배출량이 급격하게 늘었다. 이산화탄소 농도는 산업 혁명 165년만인 2015년 처음으로 400ppm을 돌파했다. 이후 2019년에는 410ppm을 넘어섰는데 과거 200만 년 동안 한 번도 없었던 일이다. 지금도 이산화탄소 농도는 계속 상승 중이다.

이산화탄소가 차오르는 욕조를 생각해 보자. 수도꼭지에서 물이 나오듯 이산화탄소가 계속 흘러나오면 어떤 일이 벌어질까. 머지않아 욕조는 넘치게 될 것이다. 화산 폭발 등 자연에서 배출되는 이산화탄소보다 인간이 배출하는 양이 월등하게 많다.

탄소중립이란 인간 활동으로 배출하는 온실가스는 최대한 줄이고, 배출되는 온실가스는 산림 흡수 등으로 제거하여 실질 배출량을 '0' 수준으로 낮추는 것이다.

물론 욕조에는 이산화탄소를 내보내는 배수구도 있다. 화학적 풍화와 바다, 숲, 토양 등이다. 그러나 자연적으로 흡수할 수 있는 양을 뛰어넘어 훨씬 많은 양이 쏟아져 나온다면 배수구만으로는 감당하기 어려워질 것이다. 여기에 바다가 뜨거워지고 숲과 생태계가 파괴되면서 탄소의 흡수량이 점점 줄고 있는 것이 현실이다. 욕조의 물 빠짐이 예전처럼 원활하게 되지 않는다는 뜻이다. 지금 상황이라면 바가지를 들고 달려들어 욕조의 물을 퍼내도 부족할지 모른다.

그렇다면 욕조의 물이 넘치지 않도록 하기 위해서는 어떻게 해야 할까. 수도꼭지를 아예 잠가 버리면 좋겠지만 불가능하기 때문에 지금보다 약하게 틀어 시간을 벌어야 한다. 지금처럼 탄소를 배출하다가는 머지않아 기후 파국을 맞을 수 있다. 따라서 탄소의 배출량 자체를 줄여야 한다는 사실은 누구도 부정할 수 없다.

탄소를 내보내는 배수구의 크기를 늘리거나 여러 개 만드는 것도 방법이다. 탄소를 흡수하던 바다와 숲, 토양의 원래 기능을 회복시키고 과학 기술을 통해 탄소를 획기적으로 줄일 수 있는 방법들을 찾아야 한다.

탄소중립은 말 그대로 욕조에 물이 차오른 만큼 밖으로 원활하게 배출해 수위 상승을 '0'으로 유지하겠다는 뜻이다. 욕조에 물이 차 있는 높이, 수위는 이산화탄소 농도를 의미한다. 지금처럼 이산화탄소 농도가 계속 증가하게 된다면 머지않아 욕조의 물은 넘치게 될 것이다.

대한민국 탄소 배출 성적표

　온실가스를 줄이고 탄소중립이라는 목표를 달성하기 위해서는 먼저 우리의 현실을 정확히 알아야 한다. 우리나라는 얼마나 많은 온실가스를 배출하고 있을까. 2020년 통계를 살펴보면 국내 온실가스 배출량은 연간 6억 5,622만 t^(이산화탄소 환산톤)에 이른다. 1990년과 비교하면 거의 20년 만에 1.2배나 증가했다. 국민 1인당 배출량은 12.7t 정도다. 전체 배출량과 1인당 배출량 모두 전 세계 10위 안에 들 정도로 많다. 그러나 배출량 자체는 2019년보다 6.8% 감소했다. 코로나19의 영향으로 발전과 건설, 도로 부문에서 온실가스 배출량이 줄어든 효과다.

　우리나라에서 배출하는 온실가스의 91.4%는 이산화탄소가 차지하고 있다. '온실가스 중립'이 아니라 '탄소중립'이라고 표현하는 것도 이러한 이유 때문이다. 이산화탄소 다음으로는 메탄 4.1%, 아산화질소 2.1%, 수소불화탄소 1%, 육불화황 0.8%, 과불화탄소 0.5%의 순서다. 2020년 총 배출량 중 온실가스 비중을 기준으로

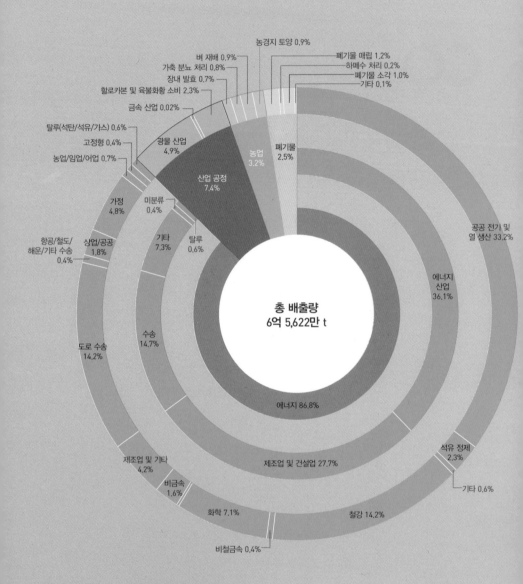

농경지 토양 0.9%
벼 재배 0.9%
가축 분뇨 처리 0.8%
장내 발효 0.7%
할로카본 및 육불화황 소비 2.3%
금속 산업 0.02%
탈루(석탄/석유/가스) 0.6%
고정형 0.4%
농업/임업/어업 0.7%
가정 4.8%
항공/철도/해운/기타 수송 0.4%
상업/공공 1.8%
도로 수송 14.2%
제조업 및 기타 4.2%
비금속 1.6%
화학 7.1%
비철금속 0.4%

폐기물 매립 1.2%
하폐수 처리 0.2%
폐기물 소각 1.0%
기타 0.1%

광물 산업 4.9%
산업 공정 7.4%
농업 3.2%
폐기물 2.5%
미분류 0.4%
기타 7.3%
탈루 0.6%
수송 14.7%

총 배출량
6억 5,622만 t

공공 전기 및 열 생산 33.2%
에너지 산업 36.1%
에너지 86.8%
석유 정제 2.3%
기타 0.6%
제조업 및 건설업 27.7%
철강 14.2%

국가 온실가스 배출량 비중(2020년 기준) ⓒ환경부

한 수치이다. 최근 눈에 띄는 부분은 메탄의 농도가 급상승하고 있다는 점이다. 메탄은 이탄화탄소보다 지구 온난화 지수가 21배 큰 기체로 훨씬 강력한 온실 효과를 일으킨다.

이산화탄소를 비롯한 온실가스가 어디에서 가장 많이 배출되는지 살펴봤더니 에너지 분야가 86.8%에 달했다. 전력 생산과 산업, 도로와 항공 같은 수송을 모두 포함한 영역이다. 에너지 분야에서 가장 많은 온실가스가 배출되는 영역은 전기를 생산하는 에너지 산업 분야이다.

2020년 기준 국내 전기 생산에서 석탄화력 발전소가 차지하는 비중은 35.5%로 1위를 차지했다. 석탄 발전소에서 나오는 온실가스는 우리나라 전체 배출량의 절반 정도를 차지한다. 전체 전기 생산에서 원자력의 비율은 29%, LNG(액화천연가스)는 26.4%로 뒤를 이었다. 그러니까 원자력을 제외하면 우리가 사용하는 전기의 대부분은 화석 연료로 만들어졌다고 보면 된다.

반면 신재생 에너지는 8.6% 수준에 불과하다. 신재생 에너지new and renewable energy는 말 그대로 재생 가능하고 환경친화적인 에너지를 일컫는다. 태양 에너지와 풍력, 지열, 수력, 폐기물, 바이오 에너지, 해양 에너지, 수소 에너지, 연료전지 등을 모두 포함한다. 국제적으로는 재생 에너지renewable energy라는 용어가 널리 쓰인다.

에너지 분야에서 전기 생산에 이어 두 번째로 많은 온실가스를 배출하는 영역은 제조업과 건설업이다. 우리나라는 제조업의 비중이 높은 나라다. 철강과 석유화학, 반도체, 자동차 등은 우리나라

한국 산업별 탄소 배출 현황

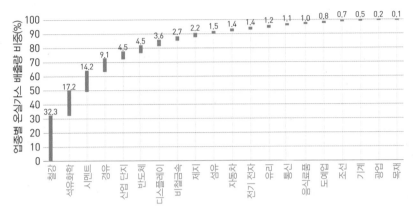

산업 부문 온실가스 배출량 중 세부 산업별 탄소 배출 비중
ⓒ에너지 전환 포럼, 〈대한민국 2050 탄소중립 달성을 위한 부문별 전략 및 정책 개발 연구〉, 2020.

가 전 세계에서 손꼽히는 분야인 동시에 에너지를 많이 소비하는 산업 분야이기도 하다.

건설업의 경우 특히 시멘트 생산 과정에서 엄청난 양의 온실가스가 배출된다. 즐비한 고층 건물이나 아파트 단지 뒤에는 보이지 않는 온실가스가 도사리고 있다. 에너지 분야에서 세 번째로 온실가스 배출이 많은 곳은 수송 분야다. 도로의 자동차가 대부분이고 항공과 철도, 선박 등이 일부를 차지한다.

에너지 분야를 제외한 나머지 온실가스 배출원은 금속이나 광물을 가공하는 산업 공정, 농업과 폐기물 등으로 꼽힌다. 농업하면 환경친화적이라고 생각할 수 있는데, 이산화탄소 다음으로 기후 변화에 기여하고 있는 온실가스인 메탄의 주요 배출원이다. 이산화탄소가 화석 연료를 태울 때 배출된다면 메탄은 폐기물 매립이나 벼농사, 초식 동물이 소화를 시키는 과정에서 주로 발생한다. 농경지에선 질소가 포함된 비료의 영향으로 아산화질소도 많이 나오는데, 아산화질소는 가축의 배설물에서도 배출된다.

기후 위기를 막기 위해서 육식을 줄이고 채식을 해야 한다는 목소리는 이 때문이다. 소들이 소화를 시키는 과정에서 트림을 하고 방귀를 뀌면 메탄이 배출된다. 소똥에서는 아산화질소가 나온다. 시골에서 키우는 소 한두 마리를 생각하면 안 된다.

2020년 기준 우리나라 축산 분야에서 배출된 온실가스는 2,000만 t이 넘는다. 쌀 소비가 줄면서 벼농사에서 나오는 온실가스는 감소하고 있지만, 축산 부문은 한우 사육 증가로 배출량이

소가 섭취한 풀이나 곡물이 장내 발효를 통해 소화되는 과정에서 메탄이 방출된다.

증가세다. 우리가 소고기를 먹을 때마다 많은 양의 메탄과 아산화질소가 배출되고 있다는 점을 잊어서는 안 된다. 아예 고기를 끊기 힘들다면 지구를 위해서 1주일에 하루는 채식을 한다거나 하는 대안도 고민해 보면 어떨까.

지금까지 우리나라가 배출하는 온실가스가 얼마나 많은지, 어디에서 주로 배출되는지 알아봤다. 우리 정부는 2050년 탄소중립을 실현하여 '기후 위기로부터 안전하고 지속 가능한 사회'를 만들겠다는 목표를 세웠다. 2030년까지는 2018년 온실가스 배출량의 40%를 줄이고 2050년에는 궁극적으로 '넷 제로'를 달성해야 한다. 그러나 너무 짧은 기간에 과도한 목표 설정이라는 비판도 있다. 전 세계 어느 나라보다도 탄소 배출량을 급격히 줄여야 하는데, 핵심은 전력과 산업, 수송 부문의 감축이다. 우리가 마주한 현실은 어떠한지, 앞으로 구체적인 계획들은 무엇인지 살펴보자.

2050 탄소중립 시나리오는 2050년 온실가스 국내 순배출량 0을 의미하는 탄소중립이 실현되었을 때의 부문별 전환 내용에 관한 전망을 담고 있다.

1. 전기 부문 :
설자리 잃은 석탄화력 발전소

2017년 5월 출범한 문재인 정부는 석탄화력 발전소에 적극적으로 브레이크를 걸었다. 신규 발전소 건설을 금지한 것뿐 아니라 30년이 지난 노후 석탄 발전소의 가동을 중단시켰다. 충남 서천 1,2호기와 보령 1,2호기, 강원 영동 1,2호기, 경남 삼천포 1,2호기 등 8기의 화력 발전소는 가동을 멈추고 역사 속으로 사라졌다. 나머지 노후 발전소에 대해서도 봄철에는 가동을 멈추는 '셧다운' shut-down에 들어갔다.

문재인 정부가 이처럼 '탈석탄' 정책에 강하게 시동을 건 이유는 지독한 미세먼지 때문이다. 국내 오염 물질에, 중국발 스모그까지 합쳐지면서 1주일 넘게 고농도 미세먼지가 지속되었고 청와대 국민청원 게시판에는 미세먼지에 대한 내용이 끊이질 않았다.

정부는 중국 환경부 장관과 회담을 하는 등 외교적 노력과 함께 미세먼지의 주범으로 꼽힌 석탄 발전소를 규제하기 시작했다.

멀리 있는 중국만 바라보고 있을 게 아니라 우리가 먼저 자체 배출되는 미세먼지를 줄이자는 건데 '에너지 정책 패러다임을 전환하고 국민의 환경권을 지키는 것'이 최종 목표였다.

그러나 새 정부가 들어선 지금까지도 우리나라에서 가동되고 있는 석탄 발전소는 57기에 이른다(2022년 상반기 기준). 가장 많은 발전소가 가동 중인 곳은 서해안이다. 태안과 당진, 보령 등 충남 지역, 그리고 인천 지역에는 35기의 화력 발전소가 가동 중이다. 서천 1,2호기와 보령 1,2호기는 폐지됐지만 2017년부터는 신보령, 2021년부터는 신서천 발전소가 새롭게 가동을 시작했다.

남해안의 경우 여수와 하동, 삼천포, 고성 등 16기, 동해안은 동해와 삼척 등 6기의 화력 발전소가 가동되고 있다. 동해안에는 강릉과 삼척에서 4기의 석탄 발전소가 추가로 건설 중이다.

그렇다면 문재인 정부는 신규 발전소를 짓지 않겠다던 약속을 지키지 못한 걸까? 그렇지는 않다. 2017년 5월 이후 가동을 시작한 신서천과 고성하이 1,2호기, 건설이 진행되고 있는 강릉안인 1,2호기, 삼척화력 1,2호기 등 7기는 이전 정부에서 허가와 승인이 이뤄졌다. 제6차 전력수급 기본계획을 통해 이명박 정부 때 계획이 확정되고 사업 인허가를 받은 합법적인 민자 사업이기 때문에 강제로 중단할 수 없다. 발전소를 조기 폐쇄한다고 해도 사업자의 재산권을 인정해 주면서 고용된 노동자와 지역 자영업자들의 기대 수익을 보상해 줘야 한다. 막대한 국가 재정이 투입될 수밖에 없고 국민들의 합의가 필요한 부분이다.

석탄화력 발전소
국내 현황 2022.03 기준

가동 중 57기 | 건설 중 4기

건설 중
강릉안인 1·2호기
시설용량: 총 2080MW
가동햇수: 올해(2022년) 건설 완료 후 가동 예정

가동 중
동해 1·2호기
시설용량: 총 400MW
가동햇수: 1998년부터 최장 24년
최단 23년째 가동 중

가동 중
북평 1·2호기
시설용량: 총 1190MW
가동햇수: 2017년부터 5년째 가동 중

가동 중
삼척그린파워 1·2호기
시설용량: 총 2044MW
가동햇수: 2016년부터 최장 6년
최단 5년째 가동 중

건설 중
삼척블루파워 1·2호기
시설용량: 총 2100MW
가동햇수: 내년(2023년), 내후년(2024년)
각각 건설 완료 후 가동 예정

가동 중
영흥 1·2·3·4·5·6호기
시설용량: 총 5080MW
가동햇수: 2004년부터 최장 18년, 최단 8년째 가동 중

가동 중
태안 1·2·3·4·5·6·7·8·9·10호기
시설용량: 총 6100MW
가동햇수: 1995년부터 최장 27년
최단 5년째 가동 중

가동 중
당진 1·2·3·4·5·6·7·8·9·10호기
시설용량: 총 6040MW
가동햇수: 1999년부터 최장 23년
최단 6년째 가동 중

가동 중
보령 3·4·5·6·7·8호기
시설용량: 총 3050MW
가동햇수: 1993년부터 최장 29년, 최단 14년째 가동 중

가동 중
신보령 1·2호기
시설용량: 총 2038MW
가동햇수: 2017년부터 5년째 가동 중

가동 중
신서천
시설용량: 총 1018MW
가동햇수: 작년(2021년)부터 1년째 가동 중

가동 중
고성하이 1·2호기
시설용량: 총 2080MW
가동햇수: 작년(2021년)부터 1년째 가동 중

가동 중
삼천포 3·4·5·6호기
시설용량: 총 2120MW
가동햇수: 1993년부터 최장 29년, 최단 24년째 가동 중

가동 중
여수 1·2호기
시설용량: 총 668MW
가동햇수: 2011년부터 최장 11년, 최단 6년째 가동 중

가동 중
하동 1·2·3·4·5·6·7·8호기
시설용량: 총 4000MW
가동햇수: 1997년부터 최장 25년, 최단 13년째 가동 중

경기도 · 강원도 · 충청북도 · 경상북도 · 전라북도 · 경상남도 · 전라남도

🔆환경운동연합

2022년 3월 기준 57기의 석탄 발전소가 가동 중이며 강원 지역에 건설 중인
4기의 석탄 발전소가 추가로 가동될 예정이다. ⓒ환경운동연합

아무리 그렇다고 해도 지금 상황이라면 2050년까지 탄소중립의 핵심인 '탈석탄'을 달성하기는 어려워 보인다. 국내 전력 생산에서 석탄 발전이 차지하는 비율이 3분의 1이 넘기 때문에 해외에서는 우리나라를 '기후 악당국'이라고 부른지 오래다.

국내에서 석탄 발전의 비율이 이렇게 높아진 것은 가격이 저렴했기 때문이다. LNG의 경우 미세먼지가 덜 배출되는 장점이 있지만 석탄보다 50% 정도 비싸다. 그러나 그 격차가 갈수록 줄어들고 있고 모든 발전 중 석탄 발전이 가장 많은 온실가스를 배출하기 때문에 선진국들은 석탄 발전을 줄이고 있는 추세다. 우리나라 역시 석탄 발전은 감축하고 신재생 에너지와 함께 LNG 발전을 늘려 나가겠다는 방향을 세웠다.

미국의 경우 석탄 발전은 2007년 정점에 이른 뒤 빠른 속도로 줄고 있다. 2015년에는 LNG 발전에 오히려 추월당했다. 미국에서는 2014년을 마지막으로 신규 석탄 발전소를 짓지 않고 있다. 그 이유는 석탄의 경제성이 떨어졌기 때문이다. 최근 석탄에 부과되는 세금이 높아지는데다 대기 오염과 기후 변화를 초래하는 환경 비용까지 고려하면 석탄은 더 이상 싸지 않다.

여기에 온실가스를 배출한 만큼 돈을 내야하는 탄소 배출권 제도가 본격적으로 적용되면 어떻게 될까? 온실가스를 가장 많이 내뿜는 석탄 발전소는 어마어마한 비용을 들여 배출권을 구입해야 할 것이다. 지금 우리나라에선 정부가 석탄 발전소의 탄소 배출권을 거의 무료로 지원해 주고 있다. 온실가스 배출에 대한 부담이 없다 보니 같은 양의 전기를 생산하더라도 그 비용이 LNG보다 저렴할 수밖에 없다. 하지만 앞으로는 상황이 달라질 것이다.

탄소중립의 걸림돌이 되는 석탄 발전소에 특혜를 주는 것은 바람직하지 않다는 목소리가 커지고 있다. 정부 역시 탄소중립을 실현하기 위해서 2050년까지 석탄 발전을 단계적으로 중단하는 계획을 세웠다. 석탄과 LNG 모두를 중단하는 시나리오와 석탄 발전은 중단하지만 LNG를 일부 유지하는 시나리오가 만들어졌다. 대신 신재생 에너지의 비율을 전체 전력 생산의 60~70% 수준으로 높여야 한다.

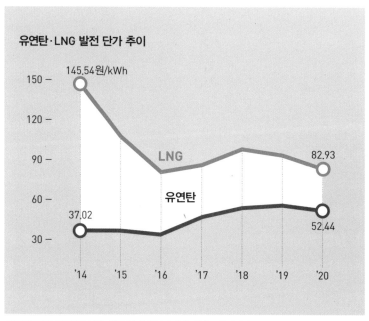

2020년 기준 유연탄과 LNG 발전 단가 차이가 사상 최대로 좁혀졌다. ⓒ전력통계정보시스템

이제 석탄의 시대는 갔다. 산업 혁명 이후 새로운 시대를 불러오며 승승장구했던 석탄은 이제 퇴출이 얼마 남지 않았다. 지나치게 많은 석탄을 연소함으로써 런던 스모그 같은 환경 재앙이 찾아왔고 이제 기후의 파국도 얼마 남지 않았다. 앞으로 30년 안에 석탄 시대의 종말이 예고된 만큼 머지않아 석탄은 박물관에서나 볼 수 있게 될 것이다.

석탄 발전소 외면한 투자자들,
속마음은?

강원도 삼척에는 초대형 석탄화력 발전소가 지어지고 있다. 포스코가 건설 중인 '삼척블루파워' 1,2호기다. 1호기당 1,050MW(메가와트)의 발전 규모로 원전 1기와 맞먹는다. 국내에서 마지막으로 건설되고 있는 석탄 발전소인데 2023년과 2024년에 순차적으로 완공될 전망이다.

포스코는 사업비 4조 9,000억 원 가운데 80%는 회사채를 발행하거나 은행에서 대출을 받기로 했다. 그런데 문제가 생겼다. 최근 석탄화력 발전이 기후 위기의 주범으로 몰리면서 퇴출 위기에 몰렸기 때문이다. 한국은 2030년까지 온실가스 배출량을 40% 줄이기로 국제사회에 약속한 상황이므로 발전소가 다 지어지더라도 가동 연한인 30년을 채울 수 있을지 불투명해졌다.

이러한 현실 속에 2021년 삼척블루파워의 회사채 1,000억 원 어치가 발행되었다. 그러나 하나도 팔리지 않았다. 국내 주요 자산 운용사들이 기후 변화와 재

삼척블루파워 화력 발전소 1,2호기 조감도 ⓒ삼척블루파워

무적 위험을 이유로 삼척 블루파워의 회사채를 인수하지 않겠다고 선언한 것이다. 1,000억 원 규모의 회사채가 전량 '미매각'된 유례 없는 사건은 우리 사회에 큰 충격으로 다가왔다. 석탄화력 발전소의 시대가 저물었다는 강력한 시그널인 셈이다.

회사채는 기업이 자금을 마련하기 위해서 발행하는 채권이다. 국가가 발행하는 채권은 국채, 회사가 발행하면 회사채라고 부른다. 투자자들은 성장 가능성이 높은 기업의 회사채를 구매해 이자를 챙길 수 있다. 그러나 화력 발전소의 미래가 불확실해지면서 외면당하게 됐고 그 위험성은 회사채를 발행해 준 증권사들이 고스란히 떠안게 되었다.

증권사들은 손실을 만회하기 위해 이후에도 회사채 발행을 계속했지만 탈석탄 흐름에 역행한다는 비판에 부딪혔다. 특히 주관사로 나선 증권사들이 모두 탈석탄 금융을 선언했음에도 불구하고 신규 석탄 발전소 건설을 위한 자금 조달에 앞장선다는 비난이 커졌다. 위험성이 큰 '좌초 자산'stranded assets(기후 변화 등 환경의 변화로 자산 가치가 떨어져 상각되거나 부채로 전환되는 자산)인데도 '폭탄 돌리기'를 하고 있다는 것이었다.

기후 위기 시대, 은행들도 변신하고 있다. 국내 100여개 금융 사들이 2050년까지 자체 탄소 배출은 물론, 거래 기업의 탄소 배출량도 0으로 만들겠다고 선언했다. 여기에는 탄소를 많이 배출하는 기업에는 아예 돈을 빌려주거나 투자하지 않겠다는 의지가 담겨 있다. 금융감독원 역시 은행들이 이런 약속을 잘 지키는지 감독하겠다고 나섰다. 특히 석탄과 관련된 회사들은 앞으로 더 큰 불이익을 받을 가능성이 높아졌다.

해외의 금융사들은 더욱 강력하고 구체적인 기준을 세워 제재를 가하고 있다. 세계 최대 연기금인 노르웨이 국부 펀드와 악사AXA, 알리안츠Allianz 등 해외 투자사들은 석탄 발전이나 채굴로 30% 이상의 매출을 올리는 기업을 '석탄 기업'으로 분류해 투자에서 배제하고 있다.

또 연금 자산 규모가 850조 원에 달해 세계 3대 운용사 중 하나인 네덜란드 연금자산운용APG은 국내 기업들에게 경고를 보내기도 했다. APG가 투자한 한국 기업은 삼성전자와 SK 하이닉스, LG화학, 네이버 등이며, 투자 금액은 10조 원 규모에 이른다.

APG는 특히 삼성전자에 주목했다. 삼성전자가 세계적인 IT 기업임에도 불구하고 탄소 배출 감축이 세계적 수준에 미치지 못한다고 압박했다. 동종업계인 애플과 비교해도 탄소 배출량이 높은데다 애플은 'RE100'에도 가입했지만, 삼성전자는 아무 것도 하지 않았다는 거다. 결국 삼성전자는 2022년 9월에 RE100 가입을 선언했다. 반도체 공정의 효율을 높이고 물과 열을 재활용하는 등 가능한 모든 방법을 동원해 재생 에너지를 확대하겠다고 밝혔다.

RE100Renewable Electricity 100%은 기업이 사용하는 전력의 100%를 재생 에너지로 대체하자는 자발적인 운동이다. 2014년 영국에 기반을 둔 다국적 비영리 기구인 '더 클라이밋 그룹'The Climate Group 이 석탄이나 원자력 대신 태양광과 풍력 발전을 늘리자는 취지로 시작했다. 현재는 애플과 구글, BMW, 이케아 등 전 세계 300여 개의 기업들이 참여하고 있다.

2018년 기준 애플과 구글 등 30개 기업이 이미 100% 목표를 달성했다. 또 RE100 회원사들의 재생 에너지 사용 비중은 평균 40% 이상 올라갔다. 문제는 RE100 캠페인에 참여한 기업들이 자신에게 납품하는 기업에도 RE100을 요구한다는 점이다. 미국과 유럽 등 주요 기업들이 요구하는 납품 기준이기 때문에 이를 못 맞추면 우리나라는 수출길이 막히게 된다. 머지않아 RE100이 하나의 '무역 장벽'이나 '수출 규제'처럼 작동할 수 있다는 뜻이다.

그렇다면 앞서 APG에게 지적을 받은 삼성전자는 탄소중립과

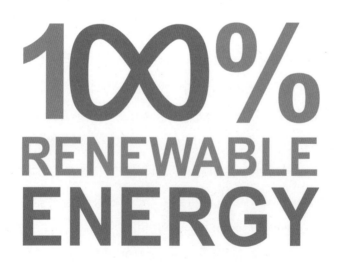

RE100은 기업이 활동에 필요한 전력을 100% 친환경 재생 에너지로 대체하는 글로벌 캠페인이다.

RE100을 무조건 거부하고 있는 걸까? 그렇지는 않다. 삼성전자는 2018년 미국과 중국, 유럽 모든 사업장에서 100% 재생 에너지 전력을 사용하겠다고 발표했고 2년 뒤인 2020년 목표를 이뤘다고 밝혔다. 하지만 국내에서는 재생 에너지 여건이 녹록치 않아 방안을 검토하고 있는 상황이다.

중국과 미국의 반도체 공장에서는 재생 에너지로 생산한 전기를 100% 쓰고 있지만, 국내에서는 어려운 이유가 뭘까? 그 배경에는 우리나라의 전력 구조가 있다. 아직도 전기 생산의 3분의 2는 석탄과 원자력에 의존하고 있다. 재생 에너지는 규모가 작은 만큼 단가가 높다. 그러니까 국내에서 RE100을 달성하려면 해외보다 더 비싼 값을 치러야 한다는 얘기다.

그러나 더 이상 선택의 문제가 아니다. 석탄 기업들이 전 세계 투자 회사들부터 찬밥 취급을 받듯 RE100을 거부하는 기업 역시 큰 손실을 입을 가능성이 높아졌다. 세계 최대 반도체 업체 중 하나인 타이완의 TSMC도 RE100 기준을 맞추기 위해 재생 에너지 전력을 구입했다. 그렇지 않으면 애플과 구글 같은 세계적인 IT기업에 납품할 수 없기 때문이다. 타이완 정부도 해상 풍력을 늘리는 방향으로 전력·에너지 구조를 바꾸는 데 적극 나서고 있다. 기업과 정부가 한 마음으로 탄소중립을 향해 가지 못하면 새로운 탄소 경제 체계에서 살아남지 못할 것이라는 긴장감이 커지고 있다.

태양과 바람의 섬으로 변신한
전남 신안

2050년 탄소중립을 위해서는 가장 시급하게 전력 생산의 중심이 신재생 에너지로 바뀌어야 한다. 우리 주변에서도 최근 풍력 발전기나 태양광 패널을 쉽게 찾아볼 수 있다. 그만큼 신재생 에너지가 늘긴 했지만 아직 전체 전력 생산에서 차지하는 비율은 7%대로 한 자릿수에 머물고 있다. 신재생 에너지는 여전히 우리나라에서 비싼 에너지에 속한다.

그러나 정부의 계획대로라면 2030년에는 20%, 2050년에는 80%로 재생 에너지의 비율을 끌어올려야 한다. 이를 위해서는 전력 저장 장치ESS 등 설비를 확충하고 보강하는 데에만 300조 원에 달하는 예산이 필요하다는 전망이 나왔다.

사시사철 날씨의 영향을 받지 않는 화력 발전이나 원자력 발전과 달리 신재생 에너지는 자연 환경이 절대적이라는 점도 발목을 잡는다. 우리나라는 중위도 온대 기후대에 위치해 있어 사계절이 뚜렷하게 나타난다. 바람을 이용하는 풍력 발전의 효율을 측정한 결과 육상의 경우 전체의 25%, 해상의 경우 40%의 바람을 발전에 이용할 수 있는 것으로 분석되었다. 그러나 태양광은 햇볕이 뜨거운 여름철에 유리한 반면 일사량에 따른 계절별 편차가 크게 나타나 연중 고른 발전이 쉽지 않다.

하지만 희망을 보여 주는 사례도 나오고 있다. 전남 신안에 국내 최대인 150,000kW(킬로와트) 규모의 태양광 마을이 만들어진 것이다. 신안에 위치한 4개 섬의 폐염전 부지에 태양광 설비가 설치됐는데 연간 전력 생산량은 209,700MWh(메가와트시)에 이른다. 4인 가구 기준 4만 9,000가구가 1년 동안 사용할 수 있는 어마어마한 전력량이다. 석탄화력 발전소를 대체하는 효과까지 따지면 향후 20년간 180만 t의 이산화탄소와 410t의 초미세먼지(PM 2.5)를 줄일 것으로 기대된다.

이번 사업에는 지역 주민들도 적극 참여했다. 협동조합을 만들어 128억 원을 투자했는데 정부와 민간의 대표적인 협업 사례로

전남 신안군 안좌도 태양광 발전 단지 ⓒ신안군

꼽힌다. 주민들이 쓰고 남는 전기는 해저 케이블 등 송전선을 통해 다른 지역에 판매할 수 있다. 이렇게 판매한 수익으로 2021년 신안군 안좌도와 자라도 주민들은 처음으로 태양광 연금을 받았다. 1인당 12만 원에서 51만 원까지 30개 마을 경로당에서 지급되었는데 4인 가구 기준으로 연간 최대 820만 원이다.

전남 신안에는 세계 최대 규모의 해상 풍력 단지도 들어설 예정이다. 2021년 정부는 신안 지역에 2030년까지 8.2GW(기가와트) 규모의 풍력 단지를 조성하겠다고 밝혔다. 투자 금액은 48조 5,000억 원 규모로 2020년 정부가 발표한 한국판 뉴딜 예산 160조 원의 3분의 1에 가까운 사업이다.

해상 풍력 단지에서 생산된 전기는 신형 원전 6기의 발전량에 해당하고 서울과 인천의 모든 가정이 사용할 수 있는 막대한 양이다. 건설에는 한화건설, 두산중공업 등 민간 기업들이 참여한다. 지역 경제 활성화는 물론 일자리 12만 개를 창출할 수 있을 것으로 기대된다. 태양광 연금처럼 해상 풍력에 의한 수익도 지역 주민들에게 배분된다. 연간 기대되는 수익은 3,000억 원에 달할 것으로 추정된다.

정부 주도로 재생 에너지를 확대한 유럽

　탄소 감축에 있어 유럽은 전 세계적인 모범 사례로 꼽힌다. 2020년 독일은 탄소 감축 목표였던 '1990년 대비 40%'을 42%로 초과 달성했다. 영국 역시 1990년 대비 51%를 감축했다. 코로나19 유행으로 2020년에는 전 세계 탄소 배출량이 일시적으로 줄긴 했지만 탄소중립을 향한 지속적인 노력에 가시적인 성과가 나타난 것이다.

　영국 정부는 2008년부터 재생 에너지를 확대해 왔다. 2008년 기후변화법Climate Change Act과 신재생 에너지 실행 계획을 통해 재생 에너지의 비중을 높이는 방안을 추진했다. 재생 에너지 발전을 지원하기 위해 '장기 차액 거래제* ' 같은 정책을 만들기도 했다. 영국에서 재생 에너지 발전량은 전체 전력의 40%를 웃돌고 있다. 영국에선 태양광과 풍력 발전이 높은 점유율을 유지하고 있다. 영국 전역에 98만 여대(2019년 기준)의 태양광 설비가 설치돼 있다. 풍력은 재생 에너지 전력 생산의 45%가량을 차지하고 있는데 북해에서 불어오는 강한 바람 덕분에 세계 최대 규모의 해상 풍

---

* 장기 차액 거래Contact for Difference 제도: 신재생 에너지, 원자력, 저탄소 발전 설비로부터 생산되는 전력에 일정 수준 이상의 가격을 보장하여 저탄소 발전 설비에 대한 투자를 촉진하기 위한 방안.

력 산업을 보유하고 있다. 영국은 2030년까지 전체 전력의 3분의 1을 해상 풍력을 통해 공급하기로 결정했다.

산업 혁명의 나라 영국에서 석탄화력 발전은 지난 5년간 전체 전력 생산의 30% 이상을 담당했다. 그러나 최근에는 탈석탄 정책에 따른 환경 규제와 탄소세 등으로 석탄 발전의 비중이 6%대로 급격히 줄었다(2019년 기준). 현재 6개의 석탄 발전소가 남아있지만 영국 정부는 2025년까지 모두 폐쇄할 예정이다.

독일도 2000년부터 일찌감치 에너지 전환을 추진했다. 탄소 감축과 재생 에너지 확대라는 목표를 세우고 지속적으로 추진했다. 2020년 독일은 재생 에너지원법 개정안을 통해 재생 에너지 발전 비중을 기존 50%에서 65%로 확대하겠다고 발표했다. 우리나라의 경우 신재생 에너지 비중이 7% 수준인 것과 비교하면 하늘과 땅 차이다.

독일의 재생 에너지 발전 비중은 2010년 19.1%에서 2017년 38.2%로 상승한 것에 이어 2018년에는 처음으로 40%를 넘어섰다. 특히 재생 에너지의 비율이 처음으로 석탄을 추월했다는 점에도 주목해야 한다. 2013년만 해도 석탄 발전량이 재생 에너지보다 2배 많았지만, 5년 만에 역전되었다.

독일의 재생 에너지 발전량이 석탄을 추월할 수 있었던 원인 중 하나는 자연환경에 있다. 독일은 풍부한 태양광과 풍력 조건을 지니고 있다. 재생 에너지 기술이 발전하면서 비용이 저렴해진 것도 원인이다. 전력 1kWh(킬로와트시)당 평균 발전 비용을 보면 태양광이 0.043유로, 풍력 0.046유로이며 화력 발전에 쓰는 유연탄은 0.046~0.079유로였다. 태양광과 풍력이 비싼 에너지라는 편견은 옛말이 되었다. 가격 경쟁력을 갖추게 되었는데, 굳이 석탄 발전을 할 필요가 없어졌다.

유럽연합은 해상 풍력과 태양광 등 재생 에너지를 확대하기 위해 8,000억 유로를 투자하는 전략을 세웠다. 미국의 바이든 정부 역시 2035년까지 청정에너지 100%로 전환하겠다고 발표하고 10년간 4,000억 달러를 투자할 계획이다.

우리의 목표는 2030년에는 20%, 2050년에는 80%로 재생 에너지의 비중을 높이는 것이다. 오랜 시간 동안 지속적으로 재생 에너지를 장려해 온 선진국들과 달리 우리에게는 시간이 별로 없고 목표도 높은 편이다. 하지만 전남 신안의 사례를 통해 절망보다는 희망을 품고 탄소중립을 향해 굳건히 나아가야 할 때다.

2. 수소 부문:
천연가스보다 2배 큰 에너지,
수소의 매력

"전 세계 정부가 약속한 녹색 정책을 달성하려면 2050년 수소 생산 규모는 현재보다 5배 넘게 늘어 5억 t 이상이 되어야 한다."

미국의 투자은행 모건스탠리는 이렇게 말했다. 국제에너지기구IEA도 탄소중립을 위해 수소가 중요한 역할을 할 것으로 전망했다. 에너지 저장과 운송, 사용에 수소가 핵심적인 역할을 할 것이라며 수소 생산에 적극적으로 나설 것을 보고서에서 권고하기도 했다. 우리 정부도 이미 수소 경제 전략을 탄소중립 로드맵에서 중요한 경로로 설정했다. 탄소중립의 핵심 키워드로 전 세계가 한목소리로 수소를 지목하고 있는 것이다.

수소의 매력은 무엇일까. 원소 기호 1번인 수소는 우주에 존재하는 모든 원자 중에서 가장 가볍다. 같은 양의 천연가스를 태우는 것보다 2.6배 높은 에너지를 낸다. 또 화석 연료와 달리 연소 과정에서 이산화탄소를 배출하지 않는다. 연료전지에 쓰일 때 물 말고는 다른 물질을 생성하지 않는다. 말 그대로 청정한 에너지다. 그러나 수소에는 치명적인 약점도 있다. 자연 상태에서 얻을 방법이 없기 때문이다. 지구상의 수소는 대부분 화석 연료나 바이오매스, 물처럼 다른 물질과 결합돼 있어 수소를 얻기 위해서는 화석 연료를 태워야 한다.

국제에너지기구의 보고서에 따르면 전 세계 수소 생산량은 9,000만 t에 이른다. 이 가운데 76%는 천연가스에서, 나머지는 석탄에서 추출된다. 수소 생산 과정에서 배출되는 이산화탄소는 연간 8억 t에 달한다. 우리나라에서 연간 배출되는 이산화탄소보다 더 많은 수치다. 투입되는 에너지 대비 효율도 좋지 않아 배보다 배꼽이 더 큰 대표적인 에너지로 꼽힌다.

그럼에도 불구하고 수소의 중요성이 커지는 이유는 재생 에너지만으로 지구를 구하기에 충분하지 않기 때문이다. 과학자들은 수소 생산 과정에서 나오는 이산화탄소를 분리해 지하에 포집하는 방식의 대안을 들고 나왔다. '탄소 포집·저장'CCS, Carbon capture & storage으로 알려진 방법이다. 또 다른 방법은 재생 에너지로 물 분자를 분해해 수소를 추출하는 전기분해 방식이다. 천연가스로 만든 수소는 '회색' 수소로, 석탄으로 만든 수소는 '검은' 수소로 불린다. 그러나 탄소를 포집해 저장하는 기술을 더하면 '청색' 수소, 전기분해 방식을 쓰면 '녹색' 수소로 불린다.

현재 회색 수소를 만들기 위해선 보통 1kg당 1달러가 든다. 천

생산 과정에 따른 수소의 구분

수소는 생산 과정에 따라 갈색 수소, 회색 수소, 청색 수소, 녹색 수소로 나뉜다.
녹색에 가까울수록 생산 과정에서 배출하는 탄소량이 적다.

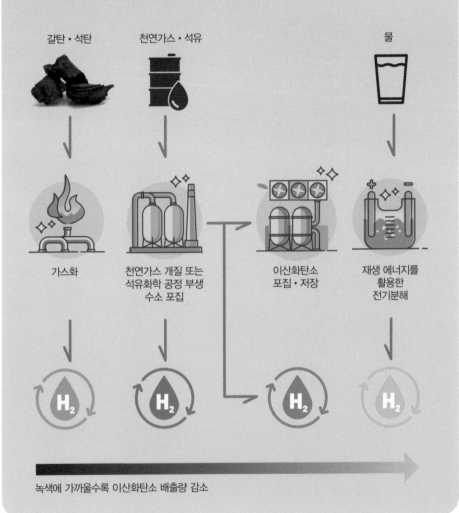

갈탄 · 석탄

천연가스 · 석유

물

가스화

천연가스 개질 또는
석유화학 공정 부생
수소 포집

이산화탄소
포집 · 저장

재생 에너지를
활용한
전기분해

녹색에 가까울수록 이산화탄소 배출량 감소

연가스 가격에 따라 더 비싸지기도 하고 싸지기도 한다. 아직 청색이나 녹색 수소를 실험실이 아닌, 대규모로 생산할 수 있는 기업은 없다. 만약 현실화된다고 해도 비용은 회색 수소와 비교해 2배이상 높아질 것으로 추정된다. 그러나 미국은 청색이나 녹색 수소의 생산 비용을 2030년까지 지금의 회색 수소와 같은 1kg당 1달러로 만들겠다고 밝혔다.

과거 태양광 기술이 처음 나왔을 때를 생각해 보면 기술의 진보가 얼마나 비용을 저렴하게 만들었는지 알 수 있다. 2010년 이후 태양광의 단가는 85% 낮아졌고 보급량은 10배 증가했다. 태양광이나 풍력 발전 등에 사용되는 배터리의 단가도 85% 내려갔고 그로 인한 보급량 증가는 100배에 달했다. 수소 역시 초기에는 비용이 비싸겠지만 정부가 정책적으로 지원해 주면서 보급량을 늘려나가야 한다. 동시에 민간에서 기술 개발을 할 수 있도록 보조금을 지급하는 등 투자를 아끼지 말아야 한다.

이미 수소 생산과 수송 기술은 혁신을 거듭하고 있다. 미국은 재생 에너지로 만든 수소를 동굴에 저장한 뒤 필요할 때 사용하는 프로젝트를 진행하고 있다. 유럽은 아프리카 튀니지에서 생산한 녹색 수소를 파이프를 통해 수송할 계획이고 호주와 칠레는 태양광으로 생산한 수소를 선박으로 수출하는 방법을 모색하고 있다.

제철소에서
석탄 대신 수소로!

수소가 지닌 확실한 장점은 제철 분야에서도 발휘될 것으로 보인다. 철을 만드는 과정에는 많은 석탄이 필요하다. 용광로에 철광석과 석탄을 녹인 뒤 철만 뽑아내야 하는데, 이 과정에서 전 세계 온실가스 배출량의 8% 정도가 나온다. 그러나 석탄 대신 수소를 사용하는 '수소 환원 제철' 방식은 탄소중립을 위한 새로운 대안으로 꼽힌다.

수소 환원 제철은 어떤 원리일까? 이름 그대로 수소를 환원제로 사용하는 방식이다. 수소를 철광석과 반응시키면 산소를 분리시키는 환원제 역할을 한다. 이 과정에서 물과 함께 철이 생성되는데 '환원철'Reduced Iron라고 부른다. 전통적인 방식의 제철소에서는 철광석과 석탄을 1,500도 이상의 고온에서 녹인다. 이 과정에서 일산화탄소가 발생하고 철광석에서 산소가 분리된다. 그러니까 일산화탄소가 환원제인 것이다. 이 반응에서는 순수한 철과 함께 온실가스인 이산화탄소도 생성된다.

환원제로 석탄 대신 수소를 사용하는 것은 화학식만 보면 아주 간단해 보이지만 엄청난 혁신을 몰고 올 것이다. 제철소에서 더 이상 온실가스가 나오지 않는 것은 물론 제철소의 상징인 거대한 용광로도 사라질 것이다. 용광로에서 석탄과 철광석을 녹이는 공

고로 vs 파이넥스 vs 수소 환원 제철 공정 비교

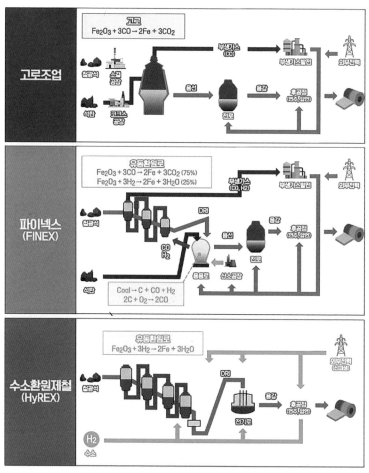

ⒸPOSCO

정이 더 이상 필요 없기 때문이다. 수소와 철광석의 반응은 용광로가 아닌 '유동 환원로'라는 설비에서 일어난다. 수소 환원 제철의 기본 개념은 청정 수소를 전제하고 있다. 회색이나 검은 수소가 아닌, 탄소 배출이 없는 깨끗한 수소여야 한다는 점이다. 태양광이나 풍력 같은 재생 에너지로 생산한 수소를 사용해야 하고 만약 자체 생산 기술이 없으면 해외 수입에 의존해야 한다.

청정 수소 생산의 최적지는 호주로 꼽는다. 우수한 태양광과 풍력, 수력 자원을 기반으로 전체 국토 면적의 11%가 녹색 수소 생산에 적합한 것으로 평가된다. 호주 정부는 2018년부터 본격적으로 수소 경제를 준비했다. 국가 수소 로드맵을 발표한 뒤 2021년까지 15억 호주 달러를 투입해 기술 개발을 지원했다. 호주는 수소를 해외로 운송하는 기술 확보에도 앞서 나가고 있다. 일본과 협력해 상업용 액화수소 운반선을 개발하고 있는데 2022년에는 일본 고베에서 출발한 세계 최초의 수소 운반선이 호주에 도착하기도 했다. 우리나라를 비롯한 아시아는 특히 지리적으로 가까운 호주에 대한 수소 의존도가 커질 것으로 보인다.

호주 정부의 수소 생태계 실행 계획

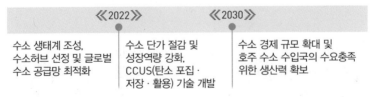

《2022》	《2030》	
수소 생태계 조성, 수소허브 선정 및 글로벌 수소 공급망 최적화	수소 단가 절감 및 성장역량 강화, CCUS(탄소 포집·저장·활용) 기술 개발	수소 경제 규모 확대 및 호주 수소 수입국의 수요충족 위한 생산력 확보

하늘과 바다, 땅에서 펼쳐질
수소의 미래

제트 여객기 285g, 버스 68g, 기차 14g

유럽환경청EEA, European Environment Agency이 분석한 운송수단의 1km당 이산화탄소 배출량이다. 제트 여객기가 버스의 4배, 기차의 20배에 달한다. 서울에서 제주도까지 455km 거리를 비행기를 타고 가면 129,675g(약 129kg)의 이산화탄소가 배출된다. 이 때문에 최근 항공 분야에서는 '친환경 비행기' 개발 움직임이 본격화하고 있다. 전 세계 온실가스 배출량에서 항공 부문이 차지하는 비율은 3~4% 정도로 미미하지만 항공기 1대당 배출량으로 비교해 보면 많은 편이다.

탄소 감축 압력을 받고 있는 항공업계에서 수소 비행기는 유일한 대안으로 꼽힌다. 수소 비행기는 화석 연료 비행기보다 탄소 배출이 최대 50% 적다. 전기 비행기의 경우 리튬 이온 배터리의 무게가 지나치게 무겁다는 것이 단점이다. 등유 연료 1t에 해당하는 에너지를 전기 배터리에 담으려면 30t의 리튬 이온 전지가 필요하다. 1회 비행에 600명의 승객과 화물을 실을 수 있는 항공기에 전기 엔진을 달게 되면 1,000km밖에 날지 못할 거라는 계산도 나왔다. 보통 제트 엔진 항공기의 15분의 1에 불과하다.

이를 극복할 대안이 수소 비행기다. 수소 연료전지는 리튬 배터리와 비교해 무게가 절반 이하로 적기 때문이다. 연료전지는 연료와 산화제를 전기 화학적으로 반응시켜 전기를 발생시키는 장치를 의미한다.

수소 연료전지 비행기를 개발하고 있는 스타트업인 '제로아비아 ZeroAvia'에는 최근 글로벌 기업들의 투자가 집중되기도 했다. 아마존의 창업자인 제프 베이조스, 마이크로소프트MS 창업자인 빌게이츠 등으로부터 2,140만 달러를 투자받은 것이다.

2020년 제로아비아는 수소 연료전지를 동력으로 하는 항공기의 첫 시험 비행에 성공했다. 6인승 수소 연료전지 항공기 '파이퍼 엠클래스'Piper M-class는 런던 인근 상공에서 15분가량 비행했

미국 경제지.월스트리트저널은 "향후 5년 내 수소가 제트 연료(등유)보다 저렴해지면 수소 비행기가 기존 항공기의 대안이 될 것"이라고 전망했다.

다. 최대 속도는 시속 140km에 달했고 운항 과정에서 물과 증기만 배출하는 '100%' 친환경 운항이었다. 향후 1~2년 안에 500마일(약 805km), 그러니까 우리나라에서 일본 거리를 운항하는 20인석 규모의 비행기를 개발할 계획이다. 또 10년 안에는 100석 규모로 1,000마일 정도를 운항하는 상업용 비행기를 만들겠다는 목표다. 유럽의 항공기 제조사인 에어버스도 2035년까지 수소 비행기를 운항하겠다는 계획을 확정했다. 에어버스는 수소의 에너지가 항공 등유의 3배에 이른다며 수소는 항공기를 위해 태어났다고 수소의 장점을 칭찬했다. 에어버스는 이외 지속가능한 항공 연료에도 집중하고 있다.

수소 연료전지는 육상에서도 각광받고 있다. 수소 연료전지 자

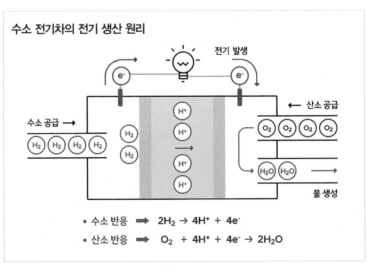

수소에서 분리된 수소 이온은 연료전지에 공급된 공기 중의 산소와 반응하여 물을 생성하게 되고, 이 물은 수소 전기차의 유일한 부산물로 대기 중에 배출된다.

동차는 수소와 공기 중의 산소가 반응해 전기를 생산하면서 움직이는 자동차다. 수소 원자 2개와 산소 원자 1개가 결합한 것이 바로 물이기 때문에 수소차를 '물로 가는 자동차'라고 부른다. 물 말고는 배출 가스가 생겨나지 않아 환경친화적이다. 수소 역시 물을 전기분해해 만들기 때문에 녹색 수소에 해당된다.

수소차의 연료 탱크에는 기름 대신 수소가 들어 있다. 수소가

독일에서 수소를 연료로 하는 수소 열차가 세계 최초로 운행을 시작했다.
프랑스 철도 제조업체 알스톰이 제작한 것으로 독일 북서부 니더작센주 마을에서 운행 중이다.

연료전지에 공급되면 수소 이온과 전자로 분리된다. 여기에 산소를 반응시키면 전기가 발생하고 차가 동력을 얻게 된다.

내연 기관 자동차의 배기가스는 가솔린, 디젤 등의 화석 연료를 연소해 동력을 만드는 과정에서 휘발유와 경유를 연료로 쓰는 내연 기관은 일산화탄소와 질소산화물(NOx), 황산화물(SOx), 탄화수소 같은 오염 물질과 온실가스인 이산화탄소를 배출한다. 그러나 수소차는 오직 물만 배출되므로 기존 내연 기관과는 차원이 다른 클래스임은 분명하다.

우리나라에서는 수소 전기버스가 2018년부터 도입되었다. 트럭이나 화물차에도 수소차가 들어오고 있는데 2030년이면 수소차의 비용이 기존 경유차와 비슷해질 거라는 전망이 나온다. 철도 역시 마찬가지다. 세계 최대 열차 생산업체인 알스톰은 독일에서 수소로 구동되는 열차를 운영하고 있다. 경유와 달리 오염 물질과 이산화탄소 배출이 적고 소음도 작다. 알스톰은 2035년까지 유럽에서 약 5,000대의 경유 기관차가 수소 열차로 대체될 수 있을 것이라고 내다봤다.

수소 에너지를 잡아라!
수소 경제 전환 가속화

　재생 에너지 강국인 독일과 영국은 수소 경제를 함께 추진하고 있다. 재생 에너지만으로는 기존 전력 수요를 대체하기 어렵기 때문이다. 수소는 특히 운송과 건물, 산업 분야의 에너지 전환을 이끌어 갈 잠재력을 보유하고 있다. 선진국들은 재생 에너지를 전력으로 사용해 전기분해한 녹색 수소를 생산하고 저장하는 사업을 추진하고 있다.

　독일은 2020년 6월 국가 수소 전략을 채택했다. 정책적으로 수소 경제를 바탕으로 한 에너지 전환을 통해 탄소 배출을 줄이고 수소 경쟁력을 확보하고자 노력 중이다. 특히 전체 발전량의 40% 이상이 재생 에너지로 공급되고 있어 이를 활용한 녹색 수소 생산이 더욱 탄력을 받을 전망이다.

　2019년 영국은 산업단지 안에 이산화탄소 포집·저장 기술을 설치하기 위해 1억 7,000만 파운드를 투자했다. 2020년에는 청색 수소 기술 개발에 1억 파운드 넘게 투자했다. 영국 정부는 특히 전체 온실가스 배출량의 27%를 차지하는 운송 분야에 수소를 투입해 탄소를 줄이겠다는 계획이다.

　독일과 영국 모두 정책적으로 제조업에 대한 지원책도 제시하고 있다. 독일은 2030년 산업 부문의 탄소 배출을 1990년과 비교해 50% 수준으로 감축하기 위해 에너지 효율을 끌어올리는 데 혈안이 되어 있다. 2020년에는 철강 산업을 저탄소로 전환하고 경쟁력을 강화하기 위한 지원 계획을 발표했다. 영국은 중공업과 시멘트, 유리 산업에 1,850만 파운드를 지원해 재생 에너지 연료를 사용하도록 박차를 가하고 있다.

신재생 에너지의 종류는 수소 에너지, 연료전지, 태양광, 태양열, 풍력, 수력, 해양, 지열, 바이오, 폐기물 등이다

3. 운송 부문:
매연 버스 가고
친환경 자동차가 '대세'

빌 게이츠가 쓴 《기후재앙을 피하는 법》이라는 책에는 다음과 같은 퀴즈가 등장한다.

> **1. 다음 중에서 에너지가 가장 큰 것은?**
>   A. 휘발유 1갤런(3.78L)
>   B. 다이너마이트 1개
>   C. 수류탄
>
> **2. 다음 중 미국에서 가장 싼 것은?**
>   A. 우유 1갤런
>   B. 오렌지 주스 1갤런
>   C. 휘발유 1갤런

1번의 정답은 A, 2번은 C이다. 1번 문제에서 다이너마이트나 수류탄의 에너지가 훨씬 클 거라고 생각하기 쉽지만 의외로 휘발유가 답이다. 1갤런의 휘발유는 130개의 다이너마이트와 맞먹는 에너지를 지닌다. 그런데 가격은 마트에서 살 수 있는 우유나 오렌지 주스보다도 싸다.

우리나라는 어떨까. 우유 1L의 가격이 2,000원, 오렌지 주스 1.5L는 4,000원 정도다. 휘발유 1L(1,000㎖)는 지역에 따라 차이는 있지만 2,000원 수준이니 우유와 비슷하고 오렌지 주스보다는 조금 더 싸다. 다이너마이트보다 강력한 에너지를 지니고 있지만 가격은 놀랍도록 저렴한 셈이다.

휘발유로 달리는 차는 19세기 말에 처음 등장했다. 항공 산업은 20세기 초에 시작되었다. 화석 연료만큼 저렴하고 긴 시간 운행이 가능한 연료는 지금까지도 찾기 힘들 정도다. 이러다 보니 전 세계 운송과 교통 부문에서 배출되는 이산화탄소는 약 82억 t(2018년 기준)으로 추산된다.

현재 지구의 도로 위에서 달리고 있는 자동차는 10억 대에 이른다. 전 세계 인구가 약 80억 명이 넘으니 8명 중 1명이 차를 가진 셈이다. 한해에만 약 2,400만 대(2021년 기준)의 자동차가 신규 등록되고 있다. 우리나라에서도 과거에는 자동차가 있는 집이 드물었지만 지금은 한 집에 2대 이상의 자동차가 있는 경우도 많다.

그러나 기후 위기로 내연 기관의 시대는 저물고 있다. 매연을 뿜어내고 탄소 배출의 주범으로 꼽히는 지금의 자동차, 그 대안으로 등장한 것이 바로 전기차다. 벤츠나 BMW, 아우디, 포드, 포르쉐, 혼다, 현대 등 세계 자동차 기업들이 앞다투어 전기차 모델을 내놓고 있다. 자동차 업계에서는 배출 가스를 줄이지 못하면 살아남지 못할 거라는 위기의식이 커져가고 있다. 앞으로 유럽 시장에 자동차를 수출하기 위해서는 '유로7'이라는 기준을 만족시켜야 한다. 유로 뒤에 붙은 숫자가 커질수록 기준이 엄격해진다. 유로7은 유로6에 비해 질소산화물을 4배 이상 줄여야 하는 등 내연 기관에 적용되는 마지막 규제라고 불릴 정도로 강력하다. 자동차 산업이 우리나라 경제에서 차지하는 비중을 고려해 봤을 때 수출길이 막히면 경제 전반에 큰 타격을 입게 될 것이다.

경유 차량이 더 이상 생산될 수 없다는 뜻이다. 자동차 의존도가 매우 높은 미국의 경우 일단 2030년까지 신차의 절반을 친환경차로 채우겠다고 선언했다. 전기차 충전소 50만 개를 추가로 설치하고 모든 공공기관의 차량 300만 대를 전기차로 바꾸기로 했다. 향후 10년 안에 자동차 업계에선 엄청난 변화가 일어나고 이 시기가 앞으로의 생존을 결정할 것이다.

우리나라의 현실은 어떨까. 국내 부품업체 가운데 전기차 부품을 생산하는 곳은 전체의 4%에 불과하다. 또 전기차를 생산하는 비용이나 투입되는 노동 시간 등이 내연 기관보다 높은 점도 발목을 잡고 있다. 대기업들도 전기차 전용 생산라인을 설치하려다가 실패하기도 했다.

그러나 아무도 우리를 기다려 주지 않는다. 중국의 전기차 '홍

광굉光 미니EV'는 500만 원대의 저렴한 가격으로 전 세계를 사로 잡았다. 2020년 전기차 판매 순위에서 중국 내 2위, 전 세계 2위를 기록한 것이었다. 중국 정부가 대기 오염을 막기 위해 전기차에는 무료로 번호판을 내주는 등 지원 정책을 펼친 것도 한몫했다. 2035년 내연 기관과 작별을 고하겠다고 선언한 중국의 엄청난 성장을 엿볼 수 있다.

우리 기업 역시 저렴하고 성능 좋은 전기차 개발에 사력을 기울여야 한다. 시간이 얼마 남지 않았다. 당장 힘들다면 일단 내연 기관이 배출하는 탄소를 줄이는 기술을 개발해 시간을 벌어야 한다. 폭스바겐은 이미 '유로7'에 대응할 수 있는 디젤 엔진을 개발하는 데 성공했다.

과거에는 전기차가 휘발유차보다 비쌌지만, 정부의 보조금 등 정책에 힘입어 그 차이는 빠르게 줄고 있다. 국내에도 자동차 제조사가 판매하는 신차 가운데 친환경차의 비율이 일정 수준을 넘도록 하는 제도가 있다. 2020년에는 그 비율이 15% 이상으로 정해졌고 공공 부문에서는 무조건 친환경차만 구매하도록 의무화했다. 최근 전기 버스도 자주 볼 수 있는데 버스와 화물차 등 차종에도 세금 감면 혜택을 주고 있다.

이와 함께 정부는 충전 시설을 늘리는 등 전기차 인프라 확충에 힘써야 한다. 휘발유를 넣는 데에는 5분이 채 안 걸리지만 전기차 충전은 1시간 이상 걸린다. 그래서 전기차를 확대하기 위한 전제 조건으로 충전소 확대가 꼽힌다. 전기차에 관한 국내 수요가 많아질수록 기술 개발에 탄력이 붙고 가격도 저렴해질 수 있다.

다행히 최근에는 충전소가 아파트 주차장까지 확대되고 있는데, 그 결과 지난 3년간 국내 친환경차 보급 대수는 4배 이상 증가했다. 2019년의 경우 국내 수소차 보급 대수가 세계 1위, 전기차 보급 대수는 세계 8위를 달성했다. 우리 정부는 탄소중립을 목표로 하는 2050년까지 도로 부문 내연 기관을 전면 전기(80% 이상)와 수소(17% 이상)로 전환한다는 목표다.

운송 부문의 탄소 배출량을 줄이기 위해서는 연료뿐 아니라 재료도 대체해 나가야 한다. 자동차를 이루는 강철과 플라스틱, 섬유 등은 모두 제조 과정에서 다량의 온실가스를 배출한다. 친환경적으로 만들어진 재료를 사용하거나 아예 이런 자재들을 적게 사용하는 것이 탄소중립으로 가는 길이다. 전기차가 사용하는 전력이 석탄이나 천연가스가 아닌, 재생 에너지로 생산되어야 한다는 점도 반드시 짚어야 한다. 더러운 전기로 달리는 전기차는 친환경이라고 말할 수 없다.

4. 산업 부문:
탄소가 돈이다, 불붙는 탄소세

2021년 유럽연합은 탄소 국경세 도입을 예고하는 법안을 발표했다. 정식 명칭은 '탄소국경조정메커니즘'CBAM, Carbon Border Adjustment Mechanism이다. 2030년까지 온실가스 배출량을 1990년 대비 절반 이상 줄이기 위해서다. 2035년부터 유럽 내 신규 휘발유, 경유차의 판매를 금지하는 내용을 비롯해 탄소를 많이 배출하는 분야(교통, 제조업, 난방, 항공, 선박 등)에는 세금을 부과하는 방안도 담겼다.

특히 세계에서 처음으로 국경을 넘는 수출 품목에 관세를 매기는 탄소 국경세가 제안되었다. 탄소 국경세는 자국보다 탄소 배출이 많은 나라의 수출 품목에 부과하는 세금을 의미한다. 유럽과 미국이 주도적으로 추진 중이다.

지금까지는 탄소를 많이 배출한 덕분에 싼 가격에 물건을 수출할 수 있었다면 앞으로는 탄소 발생에 관한 비용이 더해질 것이다. 더 이상 가격 경쟁력을 유지할 수 없다는 뜻이다. 시작은 철강·시멘트·비료·알루미늄·전기 등 5개 분야로 2023년부터 적용될 예정이다. 유럽에 수출되는 제품은 2023년부터 3년간 탄소 배출량을 보고해야 하고 2026년부터는 이를 바탕으로 한 탄소 국경세가 실제 부과될 전망이다.

가장 먼저 타격을 입게 될 분야는 어디일까? 대상은 철강과 알루미늄이 될 것으로 보인다. 한국 기업은 유럽으로 한 해 15억 2,300만 달러 규모의 철강과 1억 8,600만 달러 규모의 알루미늄을 수출한다. 비료나 시멘트, 발전 분야는 미미하다. 탄소 국경세 도입으로 한국의 주요 수출 품목인 철강과 알루미늄 부문은 큰 도전에 직면했다.

수출업자는 탄소 배출량에 따른 인증서를 사전에 구매해야 한다. 인증서 1개는 탄소 1t에 해당된다. 예를 들어 한국산 철강 1t을 생산하면서 발생하는 탄소량이 2t일 경우 철강 1t당 인증서 2개가 필요하다. 수출업자가 1년 동안 철강 100t을 수출한다면 탄소 200t 배출에 대한 인증서 200개를 구매해야 한다. 인증서 가격은 유럽연합이 마음대로 정하는 게 아니라 유럽의 탄소 배출권과 연동된다. 유럽의 탄소 배출권 가격이 높아지면 유럽으로 수출하는 기업들의 탄소 비용도 높아질 수밖에 없다.

탄소 국경세는 유럽이나 미국 수출 의존율이 높은 우리나라에 타격을 줄 것으로 예상된다. 한국은행이 발표한 〈주요국 기후변화 대응 정책이 우리 수출에 미치는 영향〉 보고서에 따르면 유럽연합과 미국이 탄소 국경세를 부과하면 한국의 수출은 연간

1.1% 감소하는 것으로 나타났다. 특히 유럽연합이 2035년부터 내연 기관 차량 판매도 금지하면서 국내 자동차업계는 유럽시장에서 무조건 전기차 수출에 '올인'해야 하는 상황이 되었다. 우리나라와 러시아, 중국 등 다른 나라들도 비상이다. 유럽연합의 탄소 국경세 도입으로 러시아는 약 150억 달러, 중국은 약 100억 달러, 터키는 약 90억 달러의 탄소세를 납부해야 한다.

탄소 국경세가 해외 수출을 제한하는 강력한 조치라면 여기서 끝이 아니다. 국내에서도 21대 국회(2020. 5. 30. ~)에서 탄소세 법안이 발의됐기 때문이다. 탄소 국경세가 유럽에 수출하는 일부 품목에 국한된다면 국회에서 발의된 탄소세는 국내 모든 기업에 영향을 주는 국세 개념이다.

탄소세를 적용하고 있는 국가들을 살펴보면 북유럽이 가장 적극적이다. 핀란드는 1990년에 이미 세계 최초로 탄소세를 도입했다. 1991년에는 스웨덴, 노르웨이, 1992년에는 덴마크에서도 도입됐다. 스웨덴의 경우 탄소 1t당 119달러의 세금이 부과될 정도로 탄소세율이 가장 높은 편이다.

현재 탄소세를 도입한 나라는 25개국에 이른다. 그런데 온실가스를 많이 배출하는 상위 10개국 중에 탄소세가 시행되고 있는 나라는 일본과 캐나다 두 곳뿐이다. 일본은 '지구온난화대책세'를 석탄과 석유에 추가로 부과하고 캐나다는 지방세로 걷고 있다. 전세계 온실가스 배출량 2위 국가인 미국은 탄소세 도입 대신 청정에너지 개발에 4,000억 달러를 투입하겠다고 밝혔다.

우리나라는 경유와 휘발유에 교통·에너지·환경세와 교육세, 자동차세 등을 부과하고 있다. 또 등유와 중유에 대해서는 개별 소비세와 교육세를 부과하는데, 온실가스 감축 효과가 미미하다는 평가다.

그러나 탄소세 법안이 국회에서 통과되면 온실가스 배출량 기준 상위 100대 기업이 탄소세의 대부분을 부담하게 된다. 업종별로는 발전, 에너지 분야가 가장 큰 부담을 안게 될 전망이다. 또 철강과 석유화학, 시멘트, 정유 부문이 그 뒤를 이었다. 특히 전력을 생산하는 한국전력과 발전소의 탄소세 부담이 커지게 되고 결국 전기 요금 인상으로 이어질 거라는 예측이 나오고 있다.

CO₂

5. 탄소 제거 부문:
저감이 어려운 분야의 대안?
탄소 포집·저장(CCS) 기술

2021년 초 테슬라의 창업주이자 스페이스X를 이끌고 있는 기업가 일론 머스크는 자신의 SNS에 이런 제안을 올렸다. 지구의 날인 4월 22일을 기준으로 4년간 탄소 포집·저장 기술 경연대회를 열겠다는 내용이었다. 1기가톤(Gt), 그러니까 거대한 항공모함 1만 대 분량의 탄소 포집 기술을 개발한 팀에게는 1억 달러의 상금을 주겠다고 약속했다. 일론 머스크는 2050년까지 전 세계가 연간 10Gt의 탄소를 제거하기 위해서는 가장 효율적인 방법을 개발해야 한다고 강조했다.

어마어마한 상금이 걸린 탄소 포집·저장 기술에 대해 한 번쯤은 들어 본 적이 있을 것이다. 기존의 화석 연료를 재생 에너지로 대체하기 위해서는 많은 노력이 필요하다. 만약 석탄화력 발전소에서 나온 이산화탄소를 굴뚝에서 그대로 포집해 어딘가에 저장

할 수 있다면 어떨까. 탄소중립을 위한 시간을 벌 수 있을 것이다. 그래서 탄소 포집·저장 기술은 꿈의 기술로 불린다.

이 기술은 갑자기 튀어나온 게 아니라 40년이 넘는 역사를 지닌다. 크게 3가지 단계로 구분해볼 수 있는데, 첫 번째는 탄소 포집 과정이다. 화력 발전소와 제철소, 시멘트, 정유 공장 등에서 나오는 배출 가스 가운데 이산화탄소만 분리하는 기술이 적용된다. 두 번째 단계에서 이산화탄소는 높은 압력에서 압축되어 트럭이나 선박에 의해 운송된다. 이렇게 운반된 이산화탄소는 대기 중으로 빠져나가는 것을 막기 위해 마지막으로 지하 암석층에 저장된다. 이산화탄소를 필요로 하는 정유 공장에 공급되기도 하는데 원유를 채굴할 때 땅속에 주입해 압력을 높이는 용도로 사용된다.

미국을 포함한 전 세계는 탄소중립을 위해서는 반드시 탄소 포집·저장 기술이 필요하다고 전망하고 있다. 이산화탄소의 절반 이상이 발전 시설과 공장에서 나오는데, 이 기술은 산업 현장에서 나오는 엄청난 이산화탄소를 줄일 해결책으로 꼽힌다. 발전이나 중공업 분야의 경우 재생 에너지로 전환하는 데 많은 시간과 비용이 필요하다. 그래서 국제에너지기구IEA는 탄소 포집·저장 기술을 '저감하기 어려운 분야'의 거의 유일한 대안으로 보고 있다.

그렇다면 현재 상황은 어떨까. 대량의 이산화탄소를 포집할 수 있는 상업용 시설은 전 세계적으로 21개(2020년 기준)에 이른다. 특히 1970년대부터 탄소 포집·저장 시설을 운영해온 미국이 전체의 절반가량인 10곳을 보유하고 있다.

세계에서 가장 오래된 시설은 미국 텍사스주에 위치한 테럴 천연가스 발전소Terrel Natural Gas Plants다. 이곳에서는 1972년부터 탄소를 포집하고 이를 현지 정유 공급업자들에게 납품해 왔다. 연간 약 25메가톤(Mt)의의 이산화탄소를 포집하는데, 전 세계 포집 용량의 3분의 2를 차지할 정도다. 현재 건설 중인 시설까지 포함하면 앞으로 미국의 연간 이산화탄소 포집량은 70Mt을 뛰어넘을 전망이다.

탄소 배출 제로에 도달하기 위해서는 얼마나 많은 이산화탄소를 포집하고 저장해야 할까. 이에 관한 시나리오를 분석한 결과 2050년까지 전 세계 포집·저장 용량이 연간 3.6Gt(3,600Mt)에 달해야 한다는 결과가 나왔다.

그러나 현실에선 아직 그 용량이 40Mt 수준에 그치고 있다. 이산화탄소를 포집하고 저장하는 용량이 100배 가까이 늘어나야 목표를 실현할 수 있다는 얘기다. 하지만 아직 실망하기에는 이르다. 1970년대부터 등장한 탄소 포집·저장 기술은 오랜 역사만큼이나 앞으로 가능성이 무궁무진하다. 일론 머스크가 최고의 탄소 포집 기술에 대한 상금으로 1억 달러를 약속한 것은 이 분야에서 어마어마한 혁신을 기대하고 있기 때문이 아닐까.

우리나라도 박차를 가하고 있다. 국내에서 포집할 수 있는 이산화탄소 용량이 7억 t에 이를 거라는 연구 결과가 있다. 여기에 추가로 기술을 개발해 그 용량을 11억 t 이상으로 늘릴 수 있다는 분석도 나왔다. 정부는 2030년까지 탄소 포집·저장 기술에 1조

4,000억 원을 투자하기로 했다. 3면이 바다인 우리나라는 포집한 이산화탄소를 해저에 저장하는 방법을 추진하고 있다. 바다에 있는 제주 분지와 울릉 분지, 군산 분지 등이 유력한 후보지로 꼽히고 있다.

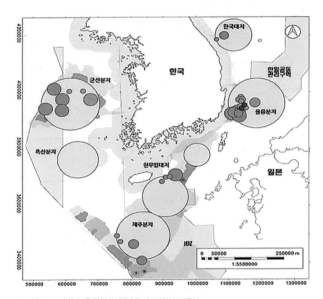

국내 CO$_2$ 저장소 유망구조 분포도 ⓒ산업통상자원부

6. 탄소 흡수 부문:
탄소 먹는 숲과 갯벌에 주목

탄소 감축에 국가의 미래가 걸린 만큼 자연적으로 탄소를 흡수하는 숲에 관한 관심이 뜨겁다. 나무는 광합성 작용을 하면서 대기 중의 이산화탄소를 흡수한다. 나무와 숲은 효율적인 탄소 저장고로 기후 변화를 완화할 수 있는 강력한 대안으로 꼽힌다.

우리나라의 산림 면적은 국토의 약 62.6%(2020년 말 기준) 수준으로 14억 t이 넘는 탄소를 저장하고 있는 것으로 추정된다. 또 연간 6,000만 t이 넘는 탄소를 흡수하는데, 전체 배출량의 10% 정도에 이른다.

국립산림과학원은 우리나라에 많이 분포하는 나무 8종을 대상으로 얼마나 많은 이산화탄소를 흡수하는지 조사했다. 그 결과 단위 면적ha당 연간 흡수량은 상수리나무가 11.72t으로 가장 많았고 신갈나무 9t, 낙엽송 8.96t, 강원지방 소나무 7.35t, 등 순으로 나타났다. 나무 한 그루가 연간 흡수하는 이산화탄소는 소나무류가 평균 6.6kg, 참나무류는 평균 10.79kg으로 분석되었다. 소나무 같은 침엽수보다 상수리나무 같은 참나무(활엽수)의 흡수량이 더 높은 것이다.

이산화탄소 1t을 흡수하기 위해서는 상수리나무 3.99그루, 신갈나무 4.7그루, 낙엽송 5.82그루, 강원지방 소나무 6.49그루가 필요한 것으로 나타났다. 우리나라는 온실가스 배출 상위 국가인 만큼 탄소 흡수원인 나무를 심는 것은 온실가스를 줄이는 가장 좋은 방법이 아닐까. 특히 전략적으로 탄소를 많이 흡수하는 활엽수를 심는 것도 좋은 방법이다. 활엽수는 침엽수보다 산불에도 강하다. 소나무는 송진이나 솔방울 때문에 불에 타기 쉽다.

산림청 홈페이지에는 '탄소나무 계산기'라는 탄소 배출량을 계산하는 프로그램도 있다. 일상생활에서 우리가 얼마나 많은 이산화탄소를 배출하는지, 이를 흡수하기 위해 몇 그루의 나무를 심어야 하는지 계산해 준다. 만약 성인 2명이 비행기를 타고 미국 시애틀에 갈 경우 8,368km의 거리를 비행하게 된다. 이때 5,116kg의 이산화탄소가 배출되는데 이만큼을 흡수하기 위해서는 어린 소나무 46그루가 필요하다. 우리 일상에서 얼마나 많은 탄소가 나오는지, 배출된 탄소를 0으로 제거하기 위해서는 얼마나 많은 나무가 필요한지 체감할 수 있다.

나무를 새로 심고 숲을 가꾸는 일은 점점 중요해지고 있다. 최근에는 숲의 고령화라는 문제도 등장했다. 국내에는 1970~80년대 심은 나무가 많기 때문에 나무들의 나이가 벌써 40년을 넘어서고 있다. 여기에서 더 나이가 들게 되면 나무의 생장이 느려져 탄소를 흡수하는 능력이 떨어질 수 있다. 그래서 산림청은 노화된 나무를 베어 내고 어린 나무를 다시 심는 사업을 계속해서 진행하고 있다.

육상에서 울창한 숲이 이산화탄소를 연료 삼아 성장한다면 바다의 갯벌에서도 염생 식물(염분이 많은 토양에서 자라는 식물)과 해조류, 해초류, 식물 플랑크톤, 미세 조류 등 다양한 생물이 이산화탄소를 흡수한다. 기후 위기 시대 해양 생태계는 '블루카본'Blue Carbon으로 불리며 탄소중립의 대안으로 주목받고 있다.

블루카본은 연안에 사는 생물과 퇴적물을 포함한 생태계가 흡수하고 저장하는 탄소를 뜻한다. 기후 변화에 관한 정부 간 협의체IPCC는 2019년 발표한 〈해양 및 빙권 특별보고서〉에서 블루카본을 온실가스 감축의 수단으로 공식 인정했다. 국제적으로 인정받

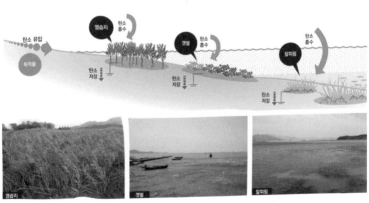

해양 생태계 탄소 저장 예시 ⓒ해양수산부

고 있는 블루카본은 맹그로브 숲과 염습지, 잘피림 등 3종류다.

맹그로브 숲은 열대 연안에 분포하기 때문에 우리나라에서 보기 힘들다. 대신 드넓은 갯벌과 염습지, 잘피림은 서해안과 남해안을 중심으로 분포한다. 갯벌은 밀물 때 바닷물로 덮여 있고 썰물때에는 육지로 드러나는 연안이나 강 하구의 평평한 지형이다. 염습지는 갯벌 중에서도 갈대 같은 염생 식물이 자라는 곳을 뜻하고 잘피림은 거머리말과 새우말 같은 식물의 군락지를 의미한다.

갯벌의 경우 이산화탄소 흡수 능력에 대한 국제사회의 연구 결과가 없어 아직 블루카본으로 공식 인정받지 못하고 있다. 그러나 우리 정부와 학계는 갯벌을 블루카본에 포함시키기 위해 관련 연구를 진행하고 있다. 국내 갯벌은 세계 5대 갯벌 중 하나로 꼽힐만큼 풍부한 생태계를 자랑한다. 연간 갯벌의 온실가스 흡수량은 약 48만여 t에 달하고 염습지는 약 8,000여 t, 잘피림은 약 7,000여 t으로 추정된다. 합치면 연간 약 50만 t에 달한다. 30년 된 소나무 약 7,340만 그루가 흡수할 수 있는 양이다.

우리 정부는 2050년 탄소중립을 위해 갯벌을 복원하고 염습지와 바다숲을 조성하겠다고 밝혔다. 이렇게 되면 연간 흡수할 수 있는 탄소는 약 100만 t으로 지금보다 2배 증가하게 된다. 이는 소나무 1억 5,000만 그루가 1년 동안 흡수하는 탄소와 비슷하다. 산림을 보호하듯 갯벌을 파괴하지 않고 잘 보존하기만 해도 기후 위기를 늦추는 데 도움이 된다. 특히 블루카본은 열대우림이나 침엽수림 등 '그린카본'보다 분포 면적은 작지만 탄소 흡수 속도가 50배나 빠른 것으로 알려져 있다. 갯벌은 다양한 생물이 살아가는 해양 생태계의 일부이자 우리가 보전해야 할 자원이기도 하다. 최근 해안가 개발이 심해지면서 지난 30년간 갯벌 면적은 20%가량 줄었다. 그러나 탄소중립 선언을 계기로 갯벌 등 해양 생태계를 보존해야 할 필요성이 커진 상황이다.

순천만 갯벌과 갈대밭

7. 사회적 합의:
기후 위기 인정하지만
전기료 인상은 거부?'

　인류의 생존을 위협하는 기후 위기, 지금까지 탄소를 줄이기 위한 다양한 방법을 알아봤다. 2021년에 그린피스가 성인 남녀 2,000명을 대상으로 진행한 설문조사 결과를 보면 기후 위기가 심각하다고 생각하는 사람은 응답자의 92%에 달했다. 1년 전 같은 조사 때보다 5% 이상 높아진 것이다. 기후 위기가 삶의 어떤 부분에 영향을 미치는지 묻는 질문에는 '건강'을 꼽은 응답자가 가장 많았다. 또 일자리나 인간관계 등 삶 전체에 영향을 받는다는 답도 건강과 거의 비슷하게 나왔다.

　하지만 기후 위기를 해결하는 방법에서는 의견이 엇갈렸다. 석탄화력발전을 중단해야 한다는 질문에는 10명 중 8명 가까이 동의했지만, 휘발유나 경유 자동차 판매 중단에 관해서는 찬반이 팽팽했다. 특히 에너지 전환을 위해 전기 요금을 추가로 부담할 수 있냐는 질문에는 찬성이 60%, 반대가 40%였다. 탄소중립 시기와 관련해선 '지금 하지 않으면 앞으로 부담된다'가 53%, '급속한 탄소중립이 현 경제에 더 부담된다'가 43%로 엇비슷했다.

기후 위기가 심각하고 내 삶에 부정적인 영향을 미친다는 것은 알고 있지만 화석 연료로 달리는 내연 기관 판매 중단에 대해서는 의견이 나뉘고 전기 요금 인상 역시 마찬가지였다. 아직 많은 사람들이 나의 삶을 바꾸거나 추가적인 비용, 불편함을 감수할 뜻이 없음을 알 수 있다.

선진국들도 상황은 다르지 않다. 2021년 스위스는 이산화탄소 배출 규제를 강화하는 법안을 국민투표에 부쳤지만 부결되고 말았다. 찬성이 48.4%, 반대가 51.5%였다. 법안의 주요 내용은 자동차 연료와 천연가스, 항공권 등을 대상으로 탄소세를 신설하는 것이었다. 시민들은 기후 변화 완화를 위한 노력이 필요하다는 데에는 대부분 동의하지만 자신에게 부담을 주는 방식에는 절반 이상이 반대했다. 스위스 정부는 결국 한발 물러서 연료 수입에 대한 세금 등만 부과하기로 했다. 스위스 사례에서 알 수 있듯 탄소중립이 시급하긴 하지만 급격한 정책은 국민이나 기업들의 반발을 불러올 수 있다.

국내에서도 2019년 국회미래연구원이 실시한 기후 변화 관련 조사 결과를 보면 극명한 대비를 느낄 수 있다. 월 소득 800만 원 이상인 사람의 37%가 재생 에너지 개발을 늘리고 전기료 인상을 받아들여야 한다고 대답한 반면 월 소득 200만 원 이하인 경우에는 그 비율이 31%로 감소했다. 개인의 환경 의식에만 기대어 기후 문제를 풀려고 하면 큰 낭패를 볼 수 있다는 얘기다.

　국내·외를 가리지 않고 탄소중립으로 나아가기 위해서는 국민들이 참여한 가운데 원활한 소통을 거쳐야 한다. 에너지의 기반이 화석 연료에서 재생 에너지로 전환된다는 것은 사회를 유지시켜 온 거대한 축 자체가 바뀌는 것을 의미한다. 1850년 산업화 이후 인류는 석탄과 석유에 의존해 지금의 문명을 이루어 왔다. 그러나 200년만인 2050년을 기점으로 더 이상 화석 연료가 설 자리는 없을 것이다. 이 과정에서 직업을 잃거나 소외되는 사람들도 많이 생길 것이다. 정의로운 전환을 위해 공평하고 원만한 합의가 선행되어야 한다.

원자력도 친환경?
뜨거운 논쟁

　탈핵을 약속하고 출범한 문재인 정부와 달리 윤석열 정부는 기후 위기와 탄소중립의 대안으로 원전을 들고 나왔다. 원자력의 비중을 30%대로 유지하고 신규 원전 건설을 다시 시작하겠다고 밝혔다. 원자력은 과연 친환경 에너지이고 탄소중립을 실현해 줄 희망일까? 이에 대한 논란은 국내뿐 아니라 국외에서도 여전히 뜨겁다. 원자력 발전소의 탄소 배출은 0에 가깝다. 그것만 봤을 때는 친환경 에너지다. 그러나 원자력 발전소가 지닌 위험성을 감안하면 결코 대안이 될 수 없다는 목소리도 높다.

　2021년의 마지막 날인 12월 31일 EU 집행위원회는 회원국들에 '그린 택소노미'Green Taxonomy 초안을 전달했다. 그린 택소노미는 '그린'과 분류체계를 의미하는 '택소노미'가 합쳐진 말로 '친환경 분류체계'를 의미한다. 그런데 그 초안에 원자력 발전과 천연가스를 친환경 에너지로 분류한다는 내용이 담겨 있었다. 탈원전 정책을 집행해 나가던 유럽 국가들은 즉각 반발했다. 독일의 경제장관은 '그린워싱* '이라며 비판했고 오스트리아 환경부 장관도 "EU의 계획이 시행된다면 소송하겠다"라고 선언했다. 그린워싱은 환경에 나

---

* 그린워싱: green과 white washing의 합성어로 기업들이 실질적인 친환경 경영과는 거리가 있지만 녹색경영을 표방하는 것처럼 홍보하는 것을 말한다.

쁜 영향을 주는데도 광고 등을 통해 친환경적인 이미지를 덧칠하는 행위를 뜻한다.

그러나 반대 의견만 있었던 것은 아니었다. 프랑스 외 9개국(핀란드, 폴란드, 체코, 불가리아, 크로아티아, 헝가리, 슬로바키아, 슬로베니아, 루마니아)은 원전이 저렴하고 안정적이며 독립적인 에너지원이라는 성명을 발표했다. 기후 변화와 전쟁에서 승리하기 위해서는 탄소 배출이 없는 원전이 필요하다는 거였다. 그러나 독일을 비롯해 룩셈부르크와 포르투갈, 덴마크, 오스트리아는 원전을 그린 택소노미에 포함해서는 안 된다는 공동 성명을 냈다.

그렇다면 EU는 왜 원전을 그린 택소노미로 분류한 걸까. EU 집행위원회는 원전을 과도기적 녹색 투자라고 봤는데 여기에는 조건이 있다. 방사성 폐기물을 안전하게 처분할 수 있고 자금과 부지가 있는 경우에만 원전에 대한 투자를 녹색 투자로 분류한 것이다. 신규 원전의 경우 2030년 말까지 건축 허가를 받아야 한다는 조건도 제시했다.

전 세계적으로 아직 화석 연료에 대한 의존도가 높은 가운데 재생 에너지 확대 속도는 지지부진하다. 재생 에너지는 시간과 장소에 따른 생산량이 연속적이지 않다는 태생적 한계가 존재한다. 따라서 탄소 배출이 없는 원자력을 과도기적인 옵션으로 사용할 수 있도록 길을 열어 준 것이다. 2020년 기준 프랑스는 전체 전력의 67%를 원전에서 생산하고 있다.

그럼에도 불구하고 원전을 반대하는 입장도 확고하다. 미국은

1979년 스리마일섬Three Mile Island에서 발생한 원전 사고로 탈원전의 길을 걷게 되었다. 당시 지미 카터James Earl Carter Jr. 대통령은 더 이상 신규 원전을 짓는 일은 없을 거라고 선언하기도 했다. 7년 뒤인 1986년 구소련의 체르노빌에서 원전 사고가 발생해 유럽 전역을 방사능 공포 속에 몰아넣었다. 유럽에서도 탈원전 흐름이 거세졌다. 1987년 이탈리아는 국민투표로 원전을 폐쇄하기로 결정했다. 1990년 스위스에서도 향후 10년간 신규 원전을 건설하지 않는다는 법안이 통과되었다. 그러나 여기서 끝이 아니다. 2011년엔 일본 후쿠시마에서 원전 사고가 발생해 주변국인 우리나라도 방사성 물질에 대한 두려움에 휩싸였다.

방사성 폐기물 역시 문제다. 원자로에서 사용하고 남은 연료는 아주 오랜 시간 동안 방사선과 열을 내보내기 때문에 그냥 방치할 수 없다. 지하의 격리된 공간에 처분해야 하는데 방사성 시설을 환영하는 사람들은 사실상 없다. 그래서 전 세계적으로 방폐장 부지 선정에 애를 먹고 있다. 국내에서도 마찬가지다. 중·저준위 폐기물, 그러니까 발전소에서 나온 작업복이나 장갑 등을 처리하는 폐기장은 경주에 있지만 우라늄과 플루토늄을 추출하고 남은 '사용후 핵연료'(고준위 폐기물)를 처리할 곳은 아직 없다. 방폐장 부지가 아직도 선정되지 않았기 때문에 원자력 발전소 안에 임시 보관 중이다. 그러나 저장 공간이 충분하지 않아 10년 뒤에는 포화 상태에 이를 것으로 전망된다. 만약 원전이 진정한 친환경 에너지라면 폐기물 처리 문제도 없어야겠지만 현실은 그렇지 않다.

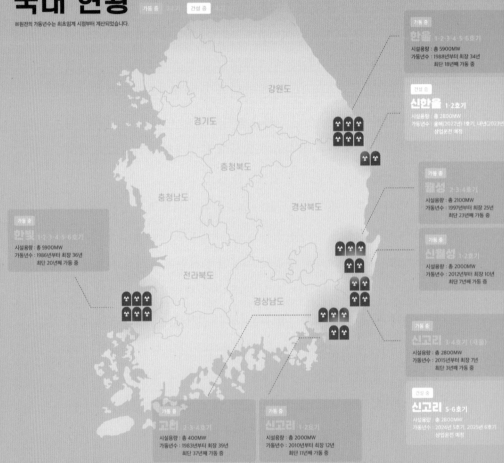

원자력 발전소 국내 현황

2022.03 기준

가동 중 24기 건설 중

※원전의 가동년수는 최초임계 시점부터 계산되었습니다.

한울 1·2·3·4·5·6호기 (가동 중)
시설용량 : 총 5900MW
가동년수 : 1988년부터 최장 34년
최단 18년째 가동 중

신한울 1·2호기 (건설 중)
시설용량 : 총 2800MW
가동년수 : 올해(2021년) 1호기 내년(2023년) 상업운전 예정

월성 2·3·4호기 (가동 중)
시설용량 : 총 2100MW
가동년수 : 1997년부터 최장 25년
최단 23년째 가동 중

신월성 1·2호기 (가동 중)
시설용량 : 총 2000MW
가동년수 : 2012년부터 최장 10년
최단 7년째 가동 중

신고리 3·4호기 (새울) (가동 중)
시설용량 : 총 2800MW
가동년수 : 2015년부터 최장 7년
최단 3년째 가동 중

신고리 5·6호기 (건설 중)
시설용량 : 총 2800MW
가동년수 : 2024년 5호기, 2025년 6호기 상업운전 예정

한빛 1·2·3·4·5·6호기 (가동 중)
시설용량 : 총 5900MW
가동수 : 1986년부터 최장 36년
최단 20년째 가동 중

고리 2·3·4호기 (가동 중)
시설용량 : 총 400MW
가동년수 : 1983년부터 최장 39년
최단 37년째 가동 중

신고리 1·2호기 (가동 중)
시설용량 : 총 2000MW
가동년수 : 2010년부터 최장 12년
최단 11년째 가동 중

강원도
경기도
충청북도
충청남도
경상북도
전라북도
경상남도

현재 국내 원자력 발전소는 24기가 가동 중이며 경북 울진, 울산 지역에 4기가 추가 건설 중이다.
©환경운동연합

1. 이산화탄소 배출과 흡수 과정을 욕조에 비유해 설명해 보세요.

_____

_____

2. 우리나라가 기후 악당국으로 불리는 이유는 무엇일까요?

_____

_____

3. 원자력은 탄소 배출이 없는 저렴하고 안전한 에너지라는
의견에 어떻게 생각하나요?

_____

_____

4부

탈탄소 시대
정의로운 전환

기후 위기의 현실
전 세계에 알리다

2021년 11월 영국 글래스고에서 제26차 유엔기후변화협약 당사국 총회가 열렸다. 당시 코로나19 때문에 모든 회의가 화상으로 진행됐다. 그런데 갑자기 화면에서 허벅지까지 차오른 물속에 서 있는 사이먼 코페Simon kofe 투발루 장관이 등장했다. 투발루 수도 푸나푸티 해안에서 이루어진 '수중 연설'에 전 세계인의 시선이 집중되었다.

"이것이 우리가 처한 현실입니다. 우리는 기후 변화와 해수면 상승이라는 현실 속에 살고 있습니다. 내일이 오기를 바란다면, 오늘 과감한 대안을 내놓아야 합니다."

남태평양의 섬나라 투발루는 9개의 산호섬으로 된 국가다. 전 세계에서 4번째로 작은 나라다. 국토에서 가장 높은 곳이 해발 4m 수준이고 대부분은 해수면보다 고작 1m 높은 것으로 알려져 있다. 기후 위기가 계속될 경우 2100년이 되기 전에 9개의 섬이 모두 물에 잠길 거라는 관측이 나온다.

"우리에겐 이제 시간도 없고 행동하지 않을 변명도 없습니다."

2019년에는 인도양의 섬나라 세이셸Republic of Seychelles의 대통령이 '해저 연설'을 진행했다. 대니 포르Danny Faure 대통령은 잠수정을 타고 해저 121m 깊이까지 내려갔다. 기후 변화가 바다에 미치는 영향을 전 세계가 심각하게 받아들이고 대응할 것을 촉구하기 위해서였다. 포르 대통령은 연설에서 "수천 년을 이어온 거대한 해양 생태계를 파괴하는 것이 얼마나 큰 대가를 치를지 깨달아야 한다"고 말했다. 그러면서 "전 세계가 하루빨리 보호에 나서야 한다"고 덧붙였다.

수중 연설과 해저 연설의 원조는 몰디브였다. 2009년 세계 최

태평양의 섬나라 투발루 외교장관이 수중 연설을 통해 기후 변화로 존폐 위기에 처한 섬나라의 현실을 생생하게 전했다. ⓒ연합뉴스 화면 갈무리

2009년 몰티브의 해저 각료회의 모습 ©연합뉴스

초로 몰디브는 바다 밑에서 내각 회의를 열었다. 검은 잠수복 차림에 산소통을 멘 모하네드 나시드Mohamed Nasheed 몰디브 대통령과 각료들은 수심 6m 해저에 설치한 테이블에 앉아 30분간 회의를 진행했다. 그리고 온실가스 저감을 촉구하는 결의안을 채택했다. 기후 위기로 수몰 위기에 처한 국가로서 자신들의 현실을 보여 주려한 것이다.

남태평양의 투발루, 키리바시, 마셜제도, 인도양의 세이셸, 몰디브 같은 섬나라는 기후 위기의 최대 피해자로 꼽힌다. 해수면이 상승하면서 수십 년 안에 국토 전체가 바닷물에 잠길 수 있다는 전망이 나오고 있다. 이미 바다가 뜨거워지면서 산호초가 파괴되고 태풍이나 해일도 잦아지고 있다.

키리바시는 2,000km 떨어진 피지섬에 영토를 구입해 대규모 이주 계획을 준비하고 있다. 마셜제도에서는 바닷물이 밀려오는 것을 막기 위해 해안에 장벽을 쌓고 있다. 건물의 높이를 높이고 해안가 사람들을 고지대로 이주시키는 방안도 고민하고 있다. 몰디브 역시 국가 예산의 절반을 산호를 보호하거나 바다에 울타리를 설치하는 등 기후 적응을 위해 사용하고 있다. 바다에 뜰 수 있는 인공 구조물을 만드는 시도도 하고 있다.

인도네시아는 지반 침하와 잦은 침수 피해로 수도를 자카르타에서 보르네오섬 동칼리만탄으로 이전하는 계획을 발표했다. 자카르타는 매년 10cm 안팎씩 지반이 내려앉고 도시의 절반 정도는 이미 해수면보다 낮은 고도에 위치한 것으로 알려졌다. 이탈리아의 베니스도 물에 잠기고 있는 대표적인 도시로 약 70억 유로를 투입한 '모세 프로젝트'로 바닷물 상승에 대비하고 있다.

IPCC 보고서는 기후 변화로 인한 국제적 난민이 2050년에는 2억 5천만 명에 이를 것이라고 경고한다. 해수면 상승으로 삶의 터전을 잃고 기후 난민이 된다면 그 피해는 누가 보상해야 할까. 이들이 평생 배출한 이산화탄소의 양은 선진국과 비교해 턱없이 적을 텐데 말이다. 그렇다면 선진국은 현재의 이산화탄소 농도 증가에 얼마나 책임이 있는 걸까.

누적 이산화탄소 배출의
절반은 북미·유럽

2022년 4월에 승인된 IPCC 6차 제3 실무그룹 보고서를 보자. 1850년 산업화 이후 2019년까지 배출된 이산화탄소 총량은 2,400Gt에 이른다고 되어 있다. 그런데 그 가운데 절반에 가까운 42%가 1990년에서 2019년 사이에 배출된 것으로 나타났다. 보통 산업 혁명을 통해 많은 탄소가 배출되었다고 생각하지만 과거 그 시절보다 최근 30년 사이에 집중된 것을 알 수 있다.

이산화탄소 농도가 파죽지세로 상승하는 동안 전 지구 이산화탄소 농도는 415ppm을 넘어섰다. 동시에 지구의 온도는 1도 넘게 상승했다. 보고서에는 탄소중립을 위한 노력을 하지 않을 경우 2100년쯤 지구의 온도가 산업화 이전과 비교해 3.2도 높아질 것으로 내다봤다.

그런데 이렇게 많은 이산화탄소는 누가 배출한 것일까? 1850~2019년간 배출된 이산화탄소에서 북미가 차지하는 비율은

23%, 유럽은 16%였다. 동아시아(중국, 한국, 몽골)와 중남미도 10% 이상으로 그 뒤를 이었다. 그러나 동남아시아나 태평양, 아프리카는 한 자릿수에 머물렀다.

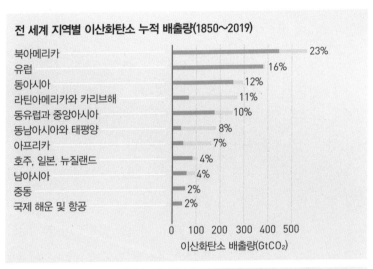

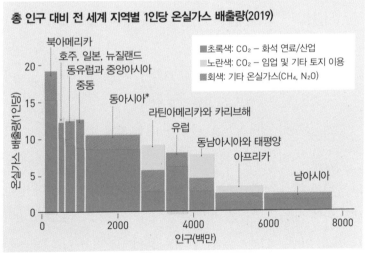

*동아시아: 중국, 몽골, 한국(남북한 포함) ⓒIPCC

1인당 배출량을 봐도 차이는 극명하다. 2019년 기준 1인당 탄소 배출량을 대륙별로 살펴보자. 가장 많은 탄소를 배출하는 곳은 미국과 캐나다 등 북미 대륙으로 20.8t에 이른다. 중앙아시아·러시아, 유럽, 한국을 포함한 동아시아가 그 뒤를 잇고 있다. 전 세계 평균은 6.6t에 이른다.

반면 전 세계 평균에도 미치지 못하는 대륙도 있다. 남부 아프리카가 1.6t으로 가장 적고 동남아시아 2.6t, 남미는 4.8t으로 집계되었다. 미국과 캐나다에 사는 사람 1명이 배출하는 이산화탄소의 양은 남부 아프리카 주민보다 13배나 많았다.

2020년에 나온 〈세계 불평등 보고서 2022〉에 따르면 탄소 배출량 상위 10%가 전체의 50%를 배출하는 것으로 나타났다. 하위 50%는 총 배출량의 12%만 배출했다. 이러한 불평등이 존재하기 때문에 무조건 모든 나라가 똑같이 탄소를 줄이는 것만이 해결책이 아니라는 지적이 나온다. 북미나 유럽처럼 그동안 많은 탄소를 배출하고도 여전히 배출량이 높은 국가들은 더 강력한 감축 의무를 수행해야 한다. 또 탄소를 줄일 여력이 되지 않는 개발도상국이나 후진국들을 재정적으로 지원해야 한다.

앞서 등장한 섬나라들은 탄소를 매우 적게 배출했음에도 기후 위기의 첫 희생자가 되었다. 지구라는 건물의 가장 아래층에 살고 있어서 물이 차면 가장 먼저 피해를 보는 셈이다. 그렇다면 꼭대기 층에 사는 사람들은 자기 일이 아니라는 듯 지켜보고만 있어도 될까. 이제는 그래서는 안 된다는 분위기로 가고 있다. 탄소중

몰디브는 국토의 80%가 해발고도 1m 미만이라 해수면이 1m 이상 상승하면 수몰된다.

립을 위해서는 무엇보다도 정의로운 전환이 중요하다고 국제사회는 강조하고 있다. 전 세계는 빈곤국의 기후 변화 대응 지원을 위해 2019년 200억 달러 수준이던 기후 변화 적응기금을 2023년부터 1,000억 달러 규모로 늘리기로 합의했다.

위태로운 기후 난민,
전쟁 난민을 넘어서다

　6월 20일은 세계 난민의 날이다. 난민하면 과거에는 전쟁이 생각났지만 지금은 상황이 달라졌다. 기후 위기가 심화되면서 '기후 난민'이라는 단어가 점점 더 자주 들려오고 있다. 기후 난민에게 기후 위기는 미래의 재난이 아니라 현실의 생존을 위협하는 문제다. 기후 난민의 정의는 갑작스럽거나 급격한 기후 변화로 일시적 또는 영구적으로 살던 곳을 떠나 이주해야 하는 사람들을 말한다. 국내의 다른 지역으로 떠나거나 해외로 이주하는 경우 모두를 포함한다.

　기후 변화로 해수면이 상승하고 있는 투발루의 국민들은 주변 국가인 호주와 뉴질랜드에 난민 신청을 하고 있다. 불확실한 미래를 기다리기보다는 선진국에서 새로운 삶을 시작하기 위해서다. 아프리카와 아랍 지역에서도 최악의 가뭄과 식량 생산 감소로 수백만 명의 기후 난민이 발생하고 있다.

특히 시리아 내전을 촉발한 원인이 기후 위기로 지목되면서 기후 난민에 관한 국제사회의 관심이 커져 갔다. 시리아에서는 2011년 내전이 시작되면서 수많은 난민이 발생했다. 정부군과 극단주의 무장 세력IS은 무차별적인 공습을 이어 나갔다.

그런데 리처드 시거Richard Seager 미국 컬럼비아 대학 교수팀은 2015년에 발표한 논문 〈비옥한 초승달 지대의 기후 변화와 시리아 최근 가뭄의 시사점〉에서 시리아 사태의 근본 원인을 기후 변화로 지목했다. 시리아는 농경과 인류 문명이 탄생한 비옥한 초승달 지대에 위치하고 있다. 과거 에덴동산이 있었던 곳이라는 전설이 있을 정도였지만 지금은 불모지로 변하고 말았다. 원인은 가뭄이었다. 내전이 발생하기 전인 2007년부터 2010년까지 최악의 가뭄으로 농민들은 농사를 포기하고 도시로 몰려들었다. 당시 국민의 40% 이상이 고향을 떠난 것으로 추정된다.

그런데 기록적인 가뭄의 원인은 무엇이었을까? 과거 100년간의 강수량과 기온 등을 분석한 결과 지중해 동부에서 나타난 기후 변화가 드러났다. 강수량이 점점 줄고 토양의 습도가 낮아져 농사가 불가능한 지역으로 변해온 것이었다. 기후 변화는 긴 가뭄을 불러왔고 결국 극단적인 무력 충돌의 가능성을 2~3배 높인 것으로 추정됐다. 결국 시리아 내전의 표면적 원인은 정치적 독재와 종교적 광기처럼 보이지만 그 내막에는 기후 변화로 인한 가뭄이 도사리고 있었다. 쉽게 말하면 먹고 살기 힘들어지면서 갈등과 불만이 표출되기 시작해 전쟁으로 치닫게 된 것이다.

2005년 프라하에서 열린 '제13회 세계경제포럼'에서 '환경 난민'이라는 표현이 처음 등장했다. 세계적인 환경학자인 노먼 마이어스Norman Myers 영국 옥스퍼드 대학 교수는 기후 변화가 무력 충돌과 난민 사태를 불러와 국가의 안보와 직결될 수 있다는 논문을 발표했다. 이 예측은 10년도 지나지 않아 현실이 되고 말았다.

시리아뿐 아니라 주변 국가인 레바논, 요르단, 이스라엘, 이란 역시 기후 변화가 정치적 안정성을 해칠 우려가 높은 것으로 진단됐다. 아프리카에서는 남수단, 콩고민주공화국, 나이지리아 등 사하라 남부에 있는 국가, 그리고 멕시코 등 중미 국가도 기후 변화로 정치가 위협받는 대표적인 지역으로 꼽혔다.

시리아 난민. 시리아 국토는 기후 변화에 따라 강수량이 줄고 토양의 습도가 낮아져 농경이 점점 어려워졌다. 이에 더해 최악의 가뭄으로 농민들이 논밭을 버리고 도시로 몰려들었다. 따라서 인구밀도 증가와 빈부격차 등의 사회문제가 발생하고 기후 난민으로 이어지고 있다고 분석했다.

국제이주기구IOM, International Organization for Migration는 2050년이면 기후 변화에 따른 자연 재난으로 최소 2천 5백만 명에서 최대 10억 명의 난민이 발생할 것이라는 보고서를 내놓았다. 해수면 상승과 물 부족, 가뭄, 폭풍해일 등 극단적인 기후 변화로 나라를 떠나야만 하는 기후 난민은 전 세계 인구의 10%에 이를 전망이다. 여기에 세계은행WB은 2050년까지 2억 명의 이재민이 발생할 수 있다고 경고했다.

기후 변화에 의한 난민 발생이 집중되는 곳은 6개 지역이다. 사하라 사막 남쪽의 아프리카에서만 8,600만 명, 북아프리카에 1,900만 명, 남아시아는 4,000만 명, 동아시아와 태평양에서는 4,900만 명이 이주할 것으로 예상되었다.

전 세계적으로 자연재해 발생 건수는 1960년 39건에서 2020년 396건으로 10배 이상 증가했다. 자연재해에 의한 경제적 피해도 1980년대 58조 1,600억 원에서 지난 10년간은 연간 232조 6,400억 원으로 4배 급증했다. 2019년 기준 자연재난으로 발생한 기후 난민은 2,490만 명으로 무력 분쟁으로 발생한 난민인 860만 명보다 3배 가까이 많았다.

기후 난민 최대 원인은
'해수면 상승'

기후 난민이 발생하는 가장 큰 원인은 해수면 상승이다. 몰디브나 키리바시 등 44개의 섬나라가 수몰될 위기에 놓여 있고 실제로 많은 기후 난민이 생겨나고 있다. 키리바시 공화국의 아노테 통Anote Tong 대통령은 '태평양 해양경관관리협의회'를 결성해 태평양 23개국 도서 국가들이 2050년 무렵 국가 전체가 바다에 가라앉을 위기에 처했다고 강조하고 있다.

기온 상승이 더 심해지면서 남극과 북극의 대륙 빙하가 녹게 되면 이번 세기말 1m 이상 해수면이 상승할 것으로 보인다. 이럴 경우 뉴욕이나 마이애미, 상하이, 뭄바이, 베네치아, 자카르타 등 전 세계의 대도시가 물에 잠기게 된다. 이미 인구의 절반 가까이가 해안가에 살고 있고 대도시의 3분의 2가 바다와 가까운 저지대에 위치해 있다. 지금 눈에 보이는 곳은 섬나라들이지만 해수면 상승은 우리 모두의 문제가 될 거라는 뜻이다.

해수면 상승에 이어 많은 난민을 만들고 있는 재난은 가뭄이
다. 대표적인 것이 시리아 난민이고 중남미와 중동, 북아프리카,
아프리카 사헬 지역(아프리카 북부 사하라 사막과 중부 사바나 기후 지역 사이에 넓
게 띠모양으로 분포하는 반건조기후 지대)의 가뭄은 더 많은 기후 난민을 만
들어 낼 것으로 예상된다. 슈퍼 태풍이나 허리케인, 대형 산불로
기후 난민이 발생하고 있다. IPCC는 더 빈번하고 강해지는 극한
기상 현상은 식량 부족과 기아 문제를 불러와 기후 난민의 수를
늘릴 것으로 전망했다.

그러나 기후 난민은 국제법에 의해 난민으로 인정받지 못한다.
1951년에 체결된 '난민 지위에 관한 유엔협약'에 따라 난민은 '인
종·종교·국적·특정 사회 집단에서 소속 또는 정치적 견해를 이
유로 박해를 받게 될 것이라는 충분한 이유가 있는 경우'로 제한
하고 있기 때문이다. 협약 내용에 따라 사회·정치적인 박해가 아
니라는 이유로 난민으로 인정받지 못하고 보호를 받을 수도 없다.
운 좋게 취업을 할 수 있다고 해도 건강 보험이나 교육 등 사회 보
장 제도의 테두리 안에 존재할 수 없다.

현실은 어떨까. 키리바시에 살던 이오아네 테이티오타라는 이
름의 한 주민은 해수면 상승으로 생명의 위협을 받고 있다며 2013
년 뉴질랜드에 난민 보호 신청을 했다. 뉴질랜드 법정에서 테이티
오타의 변호사는 유엔 난민협약에 근거해 기후 변화에서 도망친
그를 난민으로 인정해 줄 것을 요구했다. 기후 변화로 인한 해수
면 상승 역시 전쟁만큼이나 심각한 박해로 봐야 한다는 주장이었

다. 그러나 이러한 신청은 받아들여지지 않았다. 결국 2015년 테이티오타는 키리바시로 추방당했다. 국제적으로 기후 때문에 난민을 인정한 전례가 없었기 때문이다. 뉴질랜드 법원은 환경 재앙은 비차별적으로 발생하지, 누군가를 특정해 영향을 끼치는 것이 아니라고 답했다. 또 테이티오타를 기후 난민으로 인정할 경우 자연재해를 겪고 있는 전 세계 수백만 명의 사람들에게 같은 자격을 줄 수 있다며 대량 이민으로 막대한 경제적 손실이 생겨날 수 있다고 우려했다. 간단하게 말하면 수많은 기후 난민이 몰려오는 상황이 탐탁지 않다는 뜻이다.

테이티오타는 2016년에 자신의 생명권이 침해됐다면서 UN에 진정서를 제출했다. 이에 대해 2020년 유엔 인권위원회는 기후 변화에 의한 피난민들을 강제로 본국으로 돌려보낼 수 없다는 판결을 내렸다. 아직 임박한 위험에 처해 있지 않다는 이유로 개별 난민 신청은 기각했지만 충분한 위험이 입증되기만 하면 망명 신청을 할 수 있다는 여지를 남겨 둔 것이다. 유엔 판결에는 구속력이 없지만 뉴질랜드를 비롯한 선진국들에게는 분명한 경고가 될 수 있다. 기후와 관련된 위험이 큰 나라의 난민들을 무작정 돌려보낼 경우 인권 침해의 소지가 있기 때문이다.

공장 하나 없는 섬나라 주민들이 자신들이 초래하지도 않은 기후 위기 때문에 떠돌고 있는 현실을 어떻게 받아들여야 할까. 뉴질랜드 법원의 말처럼 한번 난민을 받아 주면 전 세계에서 난민 신청이 쇄도하고 사회적 안정성을 위협할지도 모른다. 그렇다

지난 여름 서아프리카 지역 홍수는 최근 10년간 발생한 홍수 중 가장 큰 규모의 피해를 입혔다. 기후 변화로 인해 몬순을 강하고 불규칙하게 만들어 평년보다 500~700% 많은 비가 내렸다는 것이다.

면 먼저 기후 위기를 멈추기 위해 최선을 다하는 동시에 재난에 취약한 나라들이 제방을 쌓는 등 기반 시설을 갖추는 것에 적극적으로 지원해야 한다. 물론 큰 비용이 들어가겠지만 일단 이들의 생존을 보장해 주고 이조차 부족하다면 선진국들이 먼저 난민 신청을 받아들여야 하지 않을까. 전 세계 이산화탄소 배출량에서 상위 10위권 안에 있는 우리나라도 예외는 아니다.

우리도 식량 난민 될 수 있다?

그렇다면 한반도는 기후 변화에서 안전할까. 우리나라 평균 기온은 1912년부터 2010년까지 평균 1.8도 상승했다. 이상 고온과 홍수, 태풍의 빈도 역시 꾸준히 증가하고 있는 추세다.

국립기상과학원이 국제 표준 온실가스 시나리오를 바탕으로 발표한 기후 변화 시나리오에 따르면 2050년까지 우리나라는 평균 기온 3.2도, 강수량 16%, 전 해상 해수면 27cm가 상승할 전망이다. 강수량은 대체적으로 증가하겠지만 지역에 따른 편차가 크게 나타날 것으로 보인다. 중부 지방은 강수량이 증가하고 남부 지방은 감소할 것으로 예측되었다. 그러니까 향후 한반도에는 가뭄과 홍수가 동시다발적으로 나타날 수 있다는 뜻이다. 극단적인 기상이변이 잦아지는 것은 전 세계적으로 뚜렷해지고 있는 기후 위기의 증거이기도 하다.

기온 상승에 따른 생태계도 급격하게 변화하고 있다. 지금보다 평균 기온이 2도 상승하면 벼의 수량이 4.4% 감소하고 사과의 재배 면적은 34%, 고랭지 배추의 재배 면적은 70% 이상 감소할 전망이다. 우리가 즐겨 먹는 쌀밥에, 김치가 사라지고 한국인이 가장 좋아하는 과일로 꼽히는 사과도 귀해진다는 소리다.

전 세계적으로도 비슷한 상황이다. 기온이 높아지면서 히말라야 빙하가 빠르게 녹고 있다. 아시아 주요 강에 엄청난 물을 공급하는 빙하가 사라지면서 물이 부족해지고 농사에도 타격을 입고 있다. IPCC는 기후 위기로 작물 수확량이 10년마다 2%씩 감소하는 반면 식량 수요는 10년마다 14%씩 늘어나 식량 안보를 위협할 것으로 내다봤다. 기온이 1.5도 상승하면 식량 감소로 고통을 받게 될 사람이 전 세계적으로 3,500만 명에 이를 전망이다. 2도 상승하면 3억 6,200만 명, 3도 상승하면 18억 1,700만 명으로 그 인구는 기하급수적으로 늘어난다.

특히 우리나라는 식량 자급률이 25% 수준으로 낮아서 기후 위기에 따른 식량 감소는 큰 파장을 몰고 올 것이다. 말 그대로 식량 난민이 될 수 있다는 뜻이다. 시리아의 사태에서 보듯 결국은 식량 부족의 문제다. 식량이 부족해지면 사회가 극도로 불안정해지고 결국 그 땅을 떠나게 된다. 굶주린 수십 억 명의 인구가 국경을 넘어 헤매게 된다면 평화 따위는 기대할 수 없게 될 것이다. 우리나라는 식량을 포함해 자원과 에너지 역시 외국에 크게 의존하고 있기 때문에 기후 위기에 가장 취약한 나라로 꼽힌다.

재난은 약자의 몫?
기후 위기의 '부정의'

기후 위기에는 국가와 국가 간의 불평등과 사회적 계층에 따른 부정의도 존재한다. 기후 위기로 찾아오는 각종 재난은 사회적 취약 계층에게 더 큰 고통을 준다. 빈곤층과 여성, 어린이, 장애인, 노인, 이주민들이 그 대상이다.

우리나라에 태풍이 상륙하면 해안가 저지대에 거주하는 사람들이 가장 먼저 침수 피해를 볼 수밖에 없다. 또 농경지가 침수될까봐 물꼬를 트러 나갔다가, 조업을 하러 바다에 나갔다가 생명을 잃기도 한다. 홍수가 나면 대피하기 힘든 노인이나 장애인에게 피해가 집중된다. 이주민의 경우 재난 문자를 제대로 받지 못하거나 이해하지 못해 대처가 늦어질 수 있다. 같은 나라에 살고 있어도 사는 지역이나 직업, 나이, 국적 등에 따라 기후 변화의 영향은 다르게 나타난다.

폭우나 폭염, 한파, 폭설 등 재난 피해는 사회·경제적 약자에게 더욱 가혹하다. 이들은 대부분 재난 상황에 대처할 능력이 거의 없다. 저지대의 반지하 주택을 떠나 안전한 곳으로 이사 가거나 재난에 취약한 직업을 바꿀 여력이 대부분 없는 상태다. 선진국도 예외일 수 없다. 2005년 미국 뉴올리언스를 강타한 허리케인 '카트리나'는 기후 위기에 의한 재난의 부조리함을 전 세계에 알렸다. 취약한 해안 제방이 순식간에 무너지면서 흑인 등 저소득층이 몰려 살던 저지대가 초토화되었다. 수많은 사람들이 이재민으로 전락했고 약탈과 폭동, 인종 갈등 등 후폭풍이 이어졌다.

그러나 시간이 흘러도 현실은 바뀌지 않았다. 2021년 8월 말부터 9월 초까지 미국에는 '카트리나'보다 강한 4등급 허리케인 '아이다'가 찾아왔다. 공교롭게도 '아이다'가 뉴올리언스를 강타한 날은 8월 29일로 16년 전 '카트리나'가 상륙한 날과 같은 날이었다. 뉴올리언스 전체에 전기가 끊기고 수천 명이 대피하는 가운데 사망자도 발생했다.

'아이다'는 미국 북동부 해안을 따라 북상하면서 미국의 심장으로 불리는 뉴욕에서도 10여 명의 목숨을 앗아갔다. 사망자의 대부분은 저소득층이었다. 뉴욕은 집값이 비싸기로 유명한 곳이다. 이민자들은 주택의 지하를 개조해서 만든 불법적인 시설에 살 수밖에 없었는데, 폭우가 천장까지 들어차며 2살 아기를 비롯해 네팔인 가족 3명이 목숨을 잃기도 했다. 이민자들은 강제로 쫓겨날지 모른다는 두려움에 주변과 의사소통이 없는 것도 문제였다. 그런데 뉴욕에 홍수가 발생했지만 부자들이 사는 맨해튼 일대에서는 아무 피해도 보고되지 않았다. 미국 언론들은 기후 재난으로 빈부격차가 여과 없이 드러났다고 앞다퉈 보도했다.

조 바이든 미국 대통령은 '아이다'로 피해를 입은 현장을 찾아 현재의 기후 변화는 '코드 레드', 즉 '매우 심각한 위기상황'이라고 말했다. 또 뉴욕에서 발생한 사망자 대부분이 지하에 살던 빈곤층이었음을 상기하며 기후 위기에 관심 없는 부유층을 질타하기도 했다. 기후 위기를 막기 위한 정책들을 반대하는 사람들은 이런 곳에 살지 않는다고 비난한 것이다. 기후 위기는 국가 간의 불평등과 나라 안에서의 빈부 격차를 더욱 심화할 것으로 보인다.

허리케인이 미국 플로리다주를 강타해 지나간 뒤 도로가 물에 잠겼다.

폭염의 가장 큰 피해자는?

　폭염은 어떨까. 한여름에도 시원한 냉방기가 있는 사무실에서 일하거나 집에 머문다면 큰 문제가 되지 않는다. 그러나 쪽방촌 등에 혼자 사는 노인, 땡볕 아래에서 일하는 농촌 노인이나 도시의 야외 근로자들에게 폭염은 생명을 위협하는 존재다. 어른만큼 체온을 조절하는 능력이 발달하지 않은 어린이도 마찬가지다. 가끔 뉴스에는 폭염이 심한 날 체육을 하다가 어린이가 숨졌다는 기사가 나오곤 한다.

　국내에서도 2018년 한 달이 넘는 기록적인 폭염이 찾아왔다. 전국 평균 폭염 일수가 31.5일로 기존 최고 기록인 1994년의 31.1일보다 많았다. 여름철 폭염의 기준은 일 최고 기온이 33도 이상인 경우로 평년 수준은 10일 정도다. 그러니까 2018년에는 평년의 3배에 달하는 폭염이 이어진 것이다. 그동안 폭염이라는 재난의 심각성을 간과하고 있던 우리 사회는 2018년을 계기로 폭염 안전지대가 아니라는 사실을 인식하게 되었다. 2018년 질병관리청이

전국 500여 개 응급실 통계를 기반으로 조사한 온열 질환 사망자는 48명으로 이는 전년 대비 336.4% 증가한 수치이다. 사망자의 70% 이상은 60대 이상 고령층이었다. 특히 빈곤한 노인들은 만성 질환을 앓고 있는 경우가 많아 폭염에 가장 취약한 계층이다. 또 가장 많은 사망자가 발생한 장소는 논밭과 토목, 건설 현장 같은 일터였다. 이후 고령층을 위한 무더위 쉼터가 생겨났고 야외 노동 현장에는 무더위가 절정인 낮 시간대에 작업을 잠시 멈추는 휴식제가 도입되었다. 그러나 2020년 코로나19가 찾아오면서 대면 접촉을 줄이기 위해 무더위 쉼터는 대부분 문을 닫았다. 취약 계층은 선풍기 한 대에 의지해 여름을 견뎌야 했다. 다행히 2018년 수준의 폭염은 닥치지 않았지만 내년 여름은 또 어떨지 기약할 수 없다.

취약 계층의 삶을 위협하는 기후 부정의, 그렇다면 반대로 기후 정의는 무엇인가. 기후 정의의 첫 번째 원칙은 모든 사람이 인종이나 성별, 소득, 문화 등과 무관하게 기후 위험으로부터 평등하게 보호받고 건강하고 쾌적한 환경을 누릴 권리가 존중되어야 한다는 점이다. 두 번째로 기후 변화의 책임과 그로 인한 피해의 '불일치'를 교정해야 하고, 세 번째로는 기후 변화의 영향을 가장 크게 받는 사람을 의사 결정 과정에 참여시켜야 한다는 부분이다. 기후정의를 바탕으로 한 정의로운 전환이 우리 사회의 기본 원칙이 되어야 한다. 온실가스를 감축하고 기후 변화의 영향과 취약성을 파악해 적응하는 방식으로 나아가야 한다. 그 과정에서 불공평이나 차별이 있어서는 안 된다.

탄소중립 시대,
정의로운 전환이란?

정의로운 전환은 '탈탄소 세계로 이행하는 과정과 결과가 공정하고 정의로워야 한다'라는 명제를 원칙으로 한다. 그 시작은 1978년 8월 미국 언론에 부각되었던 최악의 토양 오염 사건이었다. 미국 뉴욕의 나이아가라 폭포 외곽 러브 운하 도시가 화학 물질 불법 매립으로 토양이 심각하게 오염되었다. 도시에는 비상사태가 선포되었고 이를 계기로 유해 산업 폐기물 처리기금 관련법인 '슈퍼펀드' 제도가 만들어졌다. 화학 산업에 세금을 부과해 토양이 오염됐을 때 복구하는 비용으로 사용하는 것이다.

이때 화학 업체의 노동조합에서는 오염된 토양을 위한 슈퍼펀드와 노동자를 위한 슈퍼펀드도 있어야 한다고 주장했다. 관련 업체에서 퇴직하거나 이직해야 하는 노동자들이 안정적으로 새 삶을 시작할 수 있게 도와야 한다는 것이다. 당시에는 이런 제안이 받아들여지지 않았지만 2000년대를 거치면서 정의로운 전환이란 개

지미 카터 당시 미국 대통령은 러브 운하 지역을 비상지역으로 선포하고 매립지 인근 주민을 이주시켰다. 이곳은 세 차례에 걸쳐 복구를 시도했지만 아무도 살지 못하는 죽음의 도시가 되었다

념이 점차 자리를 잡게 되었다.

국제노동조합연맹ITUC, International Trade Union Confedration의 전신인 국제자유노련ICFTU, International Confederation of Free Trade Unions은 2000년부터 '정의로운 전환'을 문서에 공식적으로 사용했다. 국제노동기구ILO도 2008년부터 녹색 일자리와 정의로운 전환을 다루는 프로그램을 개발해 왔다. 2013년에는 '지속 가능 발전, 괜찮은 일자리, 녹색 일자리에 관한 총회 결의안'을 채택했다. 노동 단체들의 노력으로 정의로운 전환은 2015년 파리협정에도 포함되었다.

⟨파리협정에 포함된 '정의로운 전환'⟩

"당사자들이 기후 변화와 그에 대한 대응 조치에서 비롯된 여파에 의해서도 영향을 받을 수 있음을 인식하고, 기후 변화 행동, 대응 및 영향이 지속가능한 발전 및 빈곤 퇴치에 대한 공평한 접근과 본질적으로 관계가 있음을 강조하며……, 국가적으로 규정된 발전 우선순위에 따라 노동력의 정의로운 전환과 좋은 일자리 및 양질의 직업 창출이 매우 필요함을 고려함"

"죽은 지구에는 일자리가 없다"

　정의로운 전환을 위한 슬로건에는 위와 같은 문구가 사용되었다. 기후 변화에 대한 즉각적인 대응을 강조하면서도 노동자들의 안정된 삶과 질 높은 녹색 일자리를 위해 대규모 투자가 필요하다는 요구였다. 사실 산업 혁명을 거치는 과정에서도 대규모 전환과 실업이 있었다. 자동차 생산라인이 자동화되고 고속도로 톨게이트가 줄어들고 키오스크로 주문을 받게 되면서 많은 일자리가 줄었다. 숙련도가 낮고 단순한 업무일수록 직업을 잃을 확률이 높았다. 탈탄소 시대로 접어들면서는 탄소를 많이 배출하는 직업에 종사할수록 피해가 커질 수 있다. 석탄화력 발전소에서 일하고 있거나 경유 자동차로 물건을 실어 나르는 경우 머지않아 직장을 잃게 될 가능성이 높다. 발전소나 산업단지가 밀집해 있는 특정 지역에 피해가 집중될 수도 있다.

　2021년 11월에 개최된 제26차 기후변화협약 당사국 총회에서 EU, 영국, 벨기에, 캐나다, 덴마크, 프랑스, 독일 등은 정의로운 전환 선언을 채택했다. 노동자들의 새로운 일자리를 지원하고 사회적 대화와 이해 당사자들의 참여를 촉진하겠다는 내용이었다. 또 저개발국이나 개발도상국이 탄소중립 경제로 전환할 수 있도록 돕겠다고 약속했다. 정의로운 전환은 '누구도 뒤처지게 두지 않겠다'leave no one behind는 슬로건도 강조하고 있다. 2030년까지 탄소 배출량을 절반 가까이 줄이기 위해서는 전 세계적인 노력이 필요한데, 이 과정에서 누군가가 피해를 입지 않게 하겠다는 뜻이다. 과거 선진국들이 그랬던 것처럼 식민지의 희생을 발판으로 하는 성장이 아닌, 모두에게 지속 가능한 발전을 이루겠다는 문제의식과 맞닿아 있다.

최근 영국 런던의 시민 사회 단체는 기후 정책이 온실가스를 줄이는 것과 빈곤 및 불평등, 건강 등 광범위한 문제를 해결해야 한다고 주장했다. 정의로운 전환이라는 개념이 도시에도 적용된 것이다. 런던 시장에게 '정의로운 전환 도시, 런던'을 만들 것을 요구했는데 핵심 개념은 다음과 같다.

〈시민 사회의 '정의로운 전환 도시'〉

정의로운 전환 도시는 "전환의 기회를 최대화하고 공정과 평등을 촉진하기 위한 정책들과 가장 가난하고 배제된 사람들의 필요를 일순위에 놓는 정책들을 추진함으로써 탄소중립 달성과 자연 회복을 위한 매우 빠르고 진지한 단계를 밟아 나가는 도시임"

석탄화력 발전소의 정의로운 전환

　그리스는 유럽에서 탈석탄을 가장 먼저 선언하고 정의로운 전환 기금을 설립한 국가이다. 2015년 그리스 지방 정부들은 공공 전력회사 노동조합 등과 함께 유럽 차원의 정의로운 전환 기금을 만들자고 제안했다. 2018년 그리스 정부는 이 제안을 받아들였고 2019년에는 갈탄 광산을 2028년까지 폐쇄하겠다는 선언을 했다. 기존의 갈탄 발전소 조기 폐쇄와 함께 신규 건설 중인 광산도 2028년까지만 운영하기로 한 것이다. 그리스 정부는 온실가스 배출권 거래제에서 발생한 수익의 6%를 '정의로운 전환 기금'으로 조성하여 갈탄 지역에 지원하기로 결정했다.

　토양의 복원과 기존 시설의 활용, 투자 등을 검토하기 위해 7개 부문의 위원회가 설치되었다. 노동조합과 환경단체, 지역 시민단체가 참여하는 대중 토론을 통해 각자의 입장을 정리하고 대안을 만들어 냈다. 석탄산업의 종말이 얼마 남지 않은 지금 갈탄에 의존하던 그리스 경제가 한순간에 바뀔 수는 없을 것이다. 하지만 유럽 전체의 기금과 국가 재정 지원을 바탕으로 노력한다면 석탄 경제를 새로운 녹색 경제로 변화시킬 수 있을 것으로 기대된다.

미국의 바이든 정부도 적극적이다. 취임 직후 '석탄 광산 및 석탄 발전 지역공동체와 경제 재활성화를 위한 워킹 그룹'을 만들었다. 석탄 지역을 지원하는 적극적인 정책을 발굴하고 있는데 일자리 계획 등 구체적인 사업들을 포함하고 있다.

독일은 '석탄 지역 구조 강화법'을 통해 석탄 광산이나 발전소가 폐쇄되는 지역에 기반시설을 짓고 새로운 산업을 육성하기 위한 다양한 사업을 지원하고 있다. 2038년까지 잡혀 있는 예산만 400억 유로 규모에 이른다. 스페인은 석탄 광산과 발전소, 원자력 발전소가 폐쇄되는 지역을 상대로 정의로운 전환 협약을 체결하고 있다. 유럽 및 국가 기금으로 청정에너지 사업에 투자하고 광산 노동자의 조기 은퇴와 녹색 일자리를 위한 재교육을 돕고 있다. 영국 스코틀랜드 주정부는 2019년 정의로운 전환 위원회를 구성한 뒤 2021년 석유와 가스 산업이 중심인 에버딘을 에너지 전환 지구로 지정해 다양한 프로그램을 제공하고 있다

국내에서도 정의로운 전환이 제도화되고 있다. 2021년 9월 제정된 '기후 위기 대응을 위한 탄소중립·녹색성장기본법(이하. 탄소중립 기본법)'에도 '정의로운 전환' 규정이 포함되어있다. 탄소중립 기본법은 기후 위기에 대응할 수 있는 사회 안전망을 마련하고, 정의로운 전환 특별지구를 지정하며, 사업전환 지원 및 자산손실 위험 최소화 등을 규정하고 있다. 특히 석탄화력 발전소가 밀집해

있는 충청남도는 정의로운 전환을 과제로 연구하기도 했다. 발전소 폐쇄로 노동자와 지역 사회가 입는 피해를 최소화하고 환경을 복원하는 등 다양한 전략을 마련하고 있다. 정의로운 전환이 이뤄지기 위해서는 무엇보다도 기금 마련이 중요하다. 기후 위기 대응을 위한 기금과는 별개로 노동자와 지역 사회를 지원하는 목적으로 사용돼야 한다.

국내에서도 2021년부터 석탄화력 발전소의 폐쇄가 본격화되고 있다. 그러나 아직까지 정의로운 전환을 위한 대부분의 사업은 직업훈련이나 재취업 지원 등에 그치고 있다. 고용 유지나 생계 보장 같은 전제가 빠져있어 당장 일자리를 잃은 노동자들에게 경제적으로 도움이 되지 않는다는 비판이 나온다.

2034년까지 석탄화력 발전소 30기를 폐쇄하는 전력수급 기본계획이 추진되면 최소 4,911명에서 최대 7,935명의 노동자들이 실직한다는 연구 결과도 나왔다. 산업통상자원부가 석탄화력 발전소 폐지에 따라 지역경제에 미치는 부정적 영향을 최소화하고 에너지 전환 과정에서 소외되는 취약계층을 보호하기 위해 실시한 조사였다.

정부의 9차 전력수급 기본계획에 따르면 현재 총 60기의 석탄화력 발전소 중 30기가 2034년까지 폐쇄된다. 30기가 모두 폐쇄되면 7,935명이 일자리를 잃게 된다. 30기 중 24기가 LNG발전으로 전환돼 직무 전환이 가능하다고 해도 실직자는 4,911명에 이른다.

발전소 노동자들은 지구를 살리고 후손에게 깨끗한 환경을

10차 전력수급기본계획에는 국내 석탄화력 발전 비중을 20% 아래로 낮추는 내용이 실릴 전망이다.

물려주자는 정의로운 에너지 전환에 동의한다며 발전소 폐쇄에 따른 고용 보장이 필요하다고 주장했다. 하지만 현재 재생 에너지와 관련된 취업 교육은 이뤄지고 있지 않다면서 한평생 발전소에서 일한 이들에게 컴퓨터를 배우라는 식이라 실효성이 낮다고 지적했다. 노동자에게 진짜 필요한 정책이 무엇인지 하루빨리 귀 기울여야 우리 사회도 정의로운 전환에 성공할 수 있다.

기후 위기에 거리로 나선 청소년들

2021년 영국 글래스고에서 '제26차 유엔기후변화협약 당사국 총회'COP26가 열렸다. 스웨덴의 10대 환경 운동가인 그레타 툰베리는 청소년 환경 단체의 거리 시위에 참가해 "COP26은 실패했다"

스웨덴 기후 운동가 그레타 툰베리와 기후 시위자들이 스웨덴 스톡홀름의 국회의사당 앞에서 기후 변화 반대 시위를 벌이고 있다. ⓒ연합뉴스

고 비판했다. COP26이 세계 정상이 화려한 약속과 목표를 발표하는 홍보 행사로 전락했다는 거다. 겉으로만 친환경을 내세우는 '그린워싱'이 아닌, 즉각적이고 과감한 탄소 배출 감축이 필요하다고 촉구했다. 우간다에서 온 소녀는 아프리카의 탄소 배출량은 전 세계의 3%에 불과하지만 아프리카인들은 기후 위기로 인한 가장 큰 피해를 입고 있다며 세계 정상들에게 그들의 행동에 대해 책임을 지도록 요구해야 한다고 말했다. 또 태평양의 섬나라 사모아에서 온 활동가는 해수면 상승으로 나라를 잃을까봐 두렵다고 말했다.

기후 정상회담이 열리는 회의장 밖 거리에는 어린이와 청소년 등 젊은 세대의 시위가 이어졌다. 시위대가 든 팻말에는 '기후 범죄를 멈춰라' '기후 변화가 숙제보다 더 나쁘다' '두 번째 행성은 없다' 등의 문구가 적혀 있었다. 그레타 툰베리는 세계 각국의 기후 정책에 대해 행동이 따르지 않는 빈말이라고 비난했다. 이미 수년 전부터 전 세계 정상을 향해 미래에 존재할 권리를 달라고 소리 높였지만 아무 변화가 없는 현실에 분노했을 것이다.

2019년 청소년들이 기후파업에 나서면서 "당신은 노화로 죽을 것이다. 나는 기후 변화로 죽을 것이다."라는 구호를 사용했다. 기후 변화를 초래한 기성세대는 그저 노화로 죽음을 맞겠지만 미래세대에게는 생존이 걸린 절박한 문제일 수밖에 없다.

이에 대해 존슨 보리스Boris Johnson 영국 총리는 젊은 세대에게 화낼 권리가 있다고 말했다. 또 마리오 드라기Mario Draghi 이탈리아 총리는 세계 지도자들이 젊은 세대의 목소리를 들을 것이며 청년들의 제안을 검토하겠다고 약속했다. 프란치스코 교황Papa Francesco도 COP26에 참석한 정상들이 미래세대에게 구체적인 희망을 제시하기를 원한다며 지구와 가난한 사람들의 외침을 들을 수 있도록 기도하자고 말했다. 교황은 영국 BBC 라디오를 통해 전례 없는 기후 변화의 위협에 공동으로 대응하기 위해 모두 각자의 역할을 해야 한다며 인류 모두가 이러한 긴급한 방향 전환에 헌신하는 것은 필수라고 강조했다.

앞선 2020년 앙겔라 메르켈Angela Merkel 독일 총리는 신년사에서 기후 변화와 싸우는 것이 중대한 과제라고 강조했다. 지구 온난화는 현실이고 위협적이라며 기후 변화를 극복하기 위해 할 수 있는 모든 것을 해야 한다고 말했다. 메르켈 총리는 65세인 나는 지금 정치인들이 행동하지 않았을 때 벌어질 기후 변화의 결과를 경험하지 못할 수도 있지만 우리의 자녀와 손자 세대는 겪게 될 것이라고 했다. 또 독일이 생태학, 경제학, 사회학적으로 기후 변화를 주도할 수 있도록 전력을 다하겠다고 밝혔다. 메르켈 총리의 약속대로 독일 정부는 탄소 줄이기에 적극적으로 나서고 있다. 2020년 탄소 배출 가격제를 도입해 탄소를 배출한 만큼 비용을 부과하고 있다. 탄소 배출량이 가장 많은 교통과 난방 분야부터 시작했는데 탄소 가격은 고정되어있는 것이 아니라 시간이 지남에 따라 단계적으로 높여 갈 예정이다.

독일은 운송 분야의 탄소 배출량을 1990년과 비교해 40% 이상 감축하기로 선언했다. 이를 위해 전기차 700만~1,000만 대를 보급하고 디젤 버스는 전기차와 수소 차량으로 교체해 나가고 있다. 또한 2023년부터는 화물차에도 탄소 배출 추가 요금을 도입하기로 했는데 2030년까지 화물 운송 차량의 3분의 1을 전기차로 바꾸기로 했다.

거리로 나선 청소년들의 외침에 세계 각국 정상들은 독일 정부처럼 정책으로 답해야 할 것이다. 더 이상 기후 위기를 자신이 죽은 뒤의 문제로 여겨서는 안 된다. 현재를 살아가는 우리는 기후 위기를 인식한 첫 세대이면서 기후 위기를 막을 수 있는 마지막 세대다. 우리가 막지 못한다면 미래세대가 존재할 가능성은 낮아진다. 바로 지금이 우리가 실행할 가장 중요한 전환점이며 과감한 결단이 요구되는 시기다.

인권의 눈으로 본 기후 위기

기후 위기의 최대 피해를 겪고 있는 섬나라들, 직업을 잃게 된 노동자들, 존재가 사라질 수 있다는 위협을 받고 있는 미래 세대들. 기후 위기가 인권을 침해한다면 그 책임은 누가 져야 할까. 그리고 어느 수준으로 책임을 져야 할까.

질문의 시작은 2005년 12월로 거슬러 올라간다. 기후 위기로 삶을 터전을 잃게 된 이누이트(에스키모) 극지방회의 의장은 아메리카대륙 인권협회에 청원을 넣었다. 가장 많은 온실가스를 배출해온 미국 때문에 북극 주변 환경이 파괴되고 이누이트의 인권을 침해하고 있다는 내용이었다. 당시 이러한 주장은 풍차를 향해 달려들던 돈키호테처럼 터무니없게 받아들여졌고 인권 협회는 공식적인 답변조차 하지 않았다. 삶이 무너질 위기에 처한 이누이트, 저지대에 위치한 작은 섬나라들은 모두 기후 위기에 즉각적인 영향을 받는 처지에 놓여 있다.

2007년 11월 전 세계의 인권 운동가들이 몰디브의 수도 말레에서 '말레 선언'을 발표했다. 말레 선언은 기후 변화가 인류 공동체와 환경에 대한 즉각적이면서 근본적이고 광범위한 위협이라고 주장했다. 기후 변화를 인권의 눈으로 바라보기 시작한 첫 선언이었다. 모든 사람은 인간사회를 유지할 수 있는 환경에 대한 기본권이 있다고 주장하면서 UN이 행동에 나설 것을 촉구했다.

2009년 유엔 인권 고등 판무관실은 기후 변화가 인권 실현에 부정적인 영향을 끼친다고 발표했다. 하지만 기후 변화와 인권의 관계성이 법적으로 적용될 수 있는지 적용된다면 어느 선까지 가능할지에 대해서는 유보적 입장을 보였다. 하지만 법 적용 여부와 상관없이 물 부족이나 식수 오염, 극심한 더위로 인한 농업 생산량 감소, 해수면 상승에 의한 주거 불안 등의 사례를 추가했다.

2015년 12월 유엔 환경프로그램은 〈기후 변화와 인권〉이라는 제목의 보고서에서 "기후 변화는 우리 세대 인권에 대한 가장 큰 위협의 하나로, 기본적인 생명권에 심각한 위험을 끼치고 있다"라고 밝혔다. 내용을 살펴보면, 첫째 기후 변화는 인간의 가장 기본적인 권리인 생명권을 침해한다. 둘째 기후 변화가 불러온 폭염과 가뭄, 전염병 등으로 인간은 건강권을 박탈당하고 있다. 셋째 가뭄과 홍수로 농사짓기가 어려워지고 식량 안보가 위협받는 등 생계권을 침해당했다. 여기에 생활수준 저하와 주거환경 악화, 재산권 침해, 교육환경 황폐화 등의 부정적인 영향은 끝이 없다. 기후 변화는 인권의 차원에서 전 세계적으로 가장 심각한 폭력으로 인식되고 있다.

잇따르는 기후 소송,
변화하는 법원

　기후 변화와 인권 침해 사이에 명백한 연결 고리가 있는데도 왜 지금까지 피해를 예방하거나 보상하려는 노력은 드물었을까. 우리 사회에서도 아직 기후 변화를 인권의 시각으로 바라보는 분위기 자체가 형성되어 있지 않다. 원인을 살펴보면 그동안 기후 변화가 주로 과학계에서 논의가 시작되었고 불확실성이 존재한다는 점이 발목을 잡았다. 또 생태계와 환경에 미치는 영향이나 경제적인 측면만 강조되면서 정의를 기반으로 한 인권 논쟁은 뒷전으로 밀려났다. 전 지구적으로 발생한 문제이기 때문에 법적 책임을 따지기가 힘들다는 점도 작용했다. 국내에서도 상황은 마찬가지다. 만약 섬진강 일대에 100년에 한번 내릴까 말까한 폭우가 쏟아져 주민들이 홍수 피해를 입었다고 해도 책임을 누구에게 물어야 할까. 천재지변에 의한 재난은 국가도 책임을 지지 않는다. 그저 복구를 돕는 재난 지원금을 지급할 뿐이다.

지금까지의 인권 문제는 가해자와 피해자가 뚜렷한 구도였다. 인권을 침해한 주체와 피해를 당한 주체가 존재했기 때문에 책임을 묻기도 쉬웠다. 그러나 기후 변화는 지구의 모든 사람이 개입되어 있는 인권 문제다. 따라서 인권의 차원으로 문제를 확장하기까지 오랜 시간이 걸릴 수밖에 없었다. 지금은 다행스럽게도 기후 변화의 원인이 된 화석 연료 사용과 온실가스 배출에 관해 많은 나라가 책임을 져야 한다는 논의가 활발하다.

2020년 2월 독일의 환경 운동가들은 '독일 기후보호법'을 대상으로 소송을 걸었다. 이 법은 2030년까지 1990년 대비 탄소 배출을 55%까지 감축할 것을 규정하고 있다. 하지만 지구의 온도 상승을 산업화 이전 대비 1.5도로 억제하기에는 충분하지 않다는 것이 소송의 이유였다. 정부의 부족한 노력으로 독일 헌법이 보장하는 기본적 인권이 침해당했다며 파리협정 실행을 위해 2030년까지 1990년 대비 70% 감축하라고 요구했다. 이에 대해 2021년 4월 독일 헌법재판소는 기후보호법이 위헌이라고 판단했다. 국가는 기본권을 보호하는 일환으로 삶의 자연적 기반을 지킬 의무가 있지만 현행법으로는 인간적인 미래를 가질 권리가 보장되기 어렵다는 이유였다. 독일 정부에 온실가스 감축 계획을 명확히 세우라고 판결했고 정부는 헌법재판소의 결정을 받아들였다.

2021년 5월 영국에서도 기후와 관련된 소송이 있었다. 공기 오염이 소수 인종과 저소득층이 사는 지역에서 더 심각하게 나타나는 등 영국 정부가 사회적 차별을 저지르고 있다는 것이었다. 플라스틱 쓰레기를 가난한 나라로 수출하는 것도 지적하며 기후 변화를 막기 위한 청사진을 제시하라고 요구했다. 2020년 9월 유럽 인권재판소에는 무려 33개국이 고소당했다. 포르투갈의 어린 환경 운동가들이 EU 전체와 노르웨이, 러시아, 영국 등을 동시에 고소한 것이다. 파리협정에 따른 탄소 감축을 충분히 실천하지 않아 인권 보호 의무를 위반했다는 이유였다. 최근 유럽에 잇따른 산불과 폭염으로 생명권을 위협당했고 육체적·정신적 건강이 훼손되고 있다고 주장했다. 실제로 소송에 참여한 어린이들은 산불로 이웃이 목숨을 잃는 것을 지켜봐야 했고 44도의 기록적인 폭염을 경험하기도 했다.

잇따르는 기후 소송에 법조계에서도 달라진 입장을 보이고 있다. 소송에 걸린 33개국의 반발에도 불구하고 유럽 인권재판소는 이 사건을 신속 심사로 처리했다. 그 결과 "기후 변화가 유럽인권법으로 보장받아야 할 어린이와 청소년들의 인권을 침해했다"라고 판결했다. 유럽 국가들에게는 온실가스 감축안을 담은 합의서를 제출하라고 명령했다. 이번 판결은 유럽 정부가 기후 변화 대처 방안을 법으로 만들도록 압박할 수 있을 것으로 보인다.

기후 위기를 인권의 차원에서 바라보기 시작한 이후 관련 소송이 줄을 이었지만 대부분 의미 있는 결과를 이끌어내지는 못했다. 1990년대 이후 전 세계적으로 1,300건 이상의 소송이 제기되었지만 대부분 피해사실을 구체적으로 입증하지 못했다는 한계가 있었다. 하지만 어린이와 청소년들이 법원으로 향하면서 상황은

정부는 재생 에너지 발전량 비중을 2030년까지 20% 선으로 늘릴 계획이다.

조금씩 달라지고 있다. 기후 소송은 젊은 세대의 생존이 걸린 투쟁이다. 이들은 보수적이었던 법원이 한 걸음 더 앞으로 나오기를 요구하고 있다.

지금 이 순간에 달린 지구의 미래,
희망은 있다

2030년을 기점으로 화석 연료 사용을 과거의 절반 수준으로 줄이고 2050년까지는 탄소의 순수한 배출량이 0이 되는 '넷 제로'를 달성해야만 한다. 더 이상 망설일 시간이 남아있지 않다. 전 세계 온실가스의 80%는 우리나라를 포함한 주요 20개국(G20)이 배출한다. 그러나 기후 변화로 인한 피해는 가난한 나라에 집중된다. 가난한 사람들은 온실가스 배출량에 책임이 없음에도 불구하고 기후 위기의 대부분을 감당해야 한다.

영국 자선단체 옥스팜의 2015년 보고서에 따르면 전 세계에서 부유한 10%의 사람들이 온실가스의 절반을 배출하고 있다. 반면 세계 인구의 절반에 이르는 35억 명은 온실가스의 단 10%만 배출한다. 가장 부유한 1%의 부자들이 가장 가난한 10%보다 175배나 많은 온실가스를 내뿜는다. 하지만 이상 기후로 인한 피해의 75%는 가난한 나라에 집중된다.

이러한 통계는 기후 변화의 불평등과 부정의를 단적으로 보여 준다. 동시에 온실가스 배출량을 줄이기 위해서는 많이 배출하는 쪽에 초점을 맞춰야 한다는 것도 우리는 짐작할 수 있다. 전 세계 10%의 부자들이 탄소중립에 동참한다면 나머지 90%는 줄이지 않아도 전 세계 배출량의 절반을 줄일 수 있다.

그러나 현실은 어떤가. 2009년 코펜하겐에서 열린 제15차 유엔 기후변화협약 당사국총회에서 녹색기후기금에 관한 논의가 처음 시작되었다. 개발도상국의 온실가스 감축과 기후 변화 적응을 위한 기금으로 2010년 제16차 UNFCCC 당사국 총회에서 최종 승인됐다. 선진국들은 2010~12년에 300억 달러의 재원을 단기적으로 확보하고 2020년까지 매년 1,000억 달러의 기후기금을 마련하기로 약속했다.

그 후 2013년 인천 송도에 정식으로 사무국이 출범했다. 우리 나라가 유치한 최초의 대규모 환경 관련 국제기구이다. 그러나 사무국 출범 이후 모인 돈은 103억 달러로 목표에 크게 미치지 못했다. 미국의 경우 약속한 30억 달러 중 10억 달러만 낼 정도로 사업은 지지부진한 상태다. 협정에서 논의된 바와 같이 기후 변화의 정의를 실현하고 공정한 세상을 만드는 일은 말처럼 쉽지 않다. 우리나라는 3억 달러의 기금을 냈다.

1850년 산업화 이후 지구의 기온은 100여 년 만에 단 1도 상승했다. 전 세계적으로 이상 기후가 일상이 되었고 그 피해는 공평하게 찾아오지 않았다. 그러나 앞으로도 기후 위기가 부자 나라를 피해 간다고는 말할 수 없다. 매년 찾아오는 산불과 폭염, 허리케인, 폭설 등으로 북미나 유럽 역시 큰 희생을 치르고 있다. 기후 난민도 큰 문제다. 나라를 등진 난민들은 집과 일터를 찾아 선진국으로 몰려들 수밖에 없다.

IPCC는 과거에 배출되었고 미래에 배출될 온실가스로 인한 수많은 변화는 수백 년, 아니 수천 년이 지나도 되돌릴 수 없다고 강조했다. 온실가스를 흡수하던 숲과 바다도 이제는 포화 상태에 이르렀다는 분석이다. 특히 물에 녹아 산성을 띠는 이산화탄소 때문에 해양의 산성화도 극에 달해 산호 등 해양 생물의 생존을 위협하고 있다.

히말라야 등 거대한 산지와 남극, 그린란드 등지의 빙하는 앞으로 수십 년에서 수백 년 동안 계속 녹을 것이다. 이 때문에 온실가스를 가장 적게 배출해도 전 지구 해수면 높이는 2100년까지 0.28~0.55m 상승하고 가장 많이 배출하는 시나리오에선 2m나 높아질 전망이다.

사실 이러한 경고는 처음이 아니다. IPCC가 처음 보고서를 발표한 1990년대부터 꾸준히 문제 제기가 이루어졌다. 1990년 1차 보고서는 기후 변화의 과학적인 증거를 공개했고 우리에게 남은 탄소 배출량이 1500Gt밖에 되지 않는다고 밝혔다. 그런데 이번 보고서에선 500Gt으로 줄었다. 지난 30년 동안 3분의 2를 다 써 버리고 3분의 1밖에 남지 않은 것이다. 지갑에 남아있는 돈이 이렇게 줄었는데도 씀씀이를 줄이지 않으면 어떤 일이 벌어질까?

기후학자들은 지구의 기온 상승폭이 산업화 이전과 비교해 1.5℃를 넘지 않으려면 어차피 배출할 수 있는 탄소의 총량이 정해져 있다고 말한다. 현재의 배출 상태를 유지한다면 15년 뒤에는 지갑이 텅 비어 버릴 것이다. 후손들에게는 제대로 살아볼 기회조차 주지 않고 남은 재산을 탕진한 채 파산 선언을 할 것인가? 우리의 미래가 지금 이 순간에 달려 있다고 해도 과언이 아니다. 스웨덴의 환경 운동가 그레타 툰베리는 그래서 어른들을 향해 '자신들이 존재할 수 있는 권리'를 달라고 외치고 있다.

아직 희망은 있다. IPCC가 미래의 기후를 예측할 때 4가지 시나리오를 사용한다. ①온실가스를 가장 많이 배출하는 시나리오와 ②현재 수준의 배출량을 유지하는 시나리오, ③온실가스를 적게, ④가장 적게 배출하는 경로다. 그러니까 현재라는 변수가 미래를 결정하는 셈이다.

대기 중에 한 번 배출되면 200~300년이나 체류하는 이산화탄소의 특성상 당장 배출을 멈춰도 이번 세기 중반까지 기온 상승은 계속되는 것으로 나타났다. 그러나 미래가 바뀔 가능성도 존재한다. 온도 상승의 마지노선으로 잡고 있는 '1.5℃ 온난화'의 경우 ①온실가스를 가장 많이 배출하는 시나리오에선 2021~40년에 도달할 가능성이 90~100%로 매우 높았다. ②지금처럼 온실가스를 배출하면 그 확률은 66~100%로 다소 줄었고 ③④적게 배출하는 나머지 두 시나리오에서는 더 줄었다.

온실가스를 적게 배출해도 이미 배출된 양이 어마어마하기 때문에 당장은 극적인 효과가 나타나지 않는다. 하지만 시간을 길게 내다보면 가장 적게 배출하는 시나리오에선 21세기 말 온도 상승 폭이 1.5℃ 이하로 다시 떨어질 가능성이 높은 것으로 분석됐다. 새로 추가되는 배출량을 꾸준히 줄여나가다 보면 어느 순간 파죽지세였던 온난화의 흐름을 멈출 수 있다는 것을 보여 준다.

우리는 모두 연결되어 있다. 사람과 동·식물, 자연은 지구라는 행성에서 운명을 함께하는 공동체다. 기후 위기는 더 이상 남의 얘기가 아니다. 강 건너 불구경 하던 시기는 이미 지났다. 생존을 위협하는 급박한 상황에서 부유한 나라가 더 많은 책임을 진다면, 그러니까 공정의 원칙이 세워진다면 기후의 위기를 다 함께 극복할 수 있을 것이다.

전 세계가 온실가스를 줄이자고 약속하고 서로 돕는다면 기후 위기를 되돌릴 수 있을 것이다. 하지만 어느 나라가 얼마나 줄일지, 어떻게 줄일 것인지 구체적인 합의가 이뤄지지 않고 행동이 지연된다면 시간만 흐르고 탄소 농도는 계속 높아질 것이다. 우리는 어떤 미래를 향해 갈 것인가.

1. 기후 난민의 국내 이민을 받아 들여야 할까, 아니면 거부해야 해야 할까요?

2. 우리도 기후 난민이 될 수 있다. 실제 생활에서 이상 기후로 인한 피해를 실감하고 있나요?

3. 기후 위기를 먼 미래라고 생각하는 어른들에게 하고 싶은 말은 무엇인가요?

5부

우리도
할 수 있어요

금수강산에서 재난 지옥으로,
한국인 요리법

봄에 황사 먼지를 묻힌 한국인을 여름에 장맛비로 샤워시키고
푹푹 찌는 찜통에 넣고 찐다. 여기서 끝이 아니다. 가을에는
태풍이 몰고 온 비바람에 잠시 널어 뒀다가 미세먼지를 살짝
묻힌 뒤 겨울에 냉동실에 보관한다.

최근 인터넷에 '한국인 요리법'이라는 우스갯소리가 퍼져 나갔
다. 사계절 내내 기상 이변에 시달리는 우리의 모습을 풍자한 서
글픈 농담이 아닐 수 없다. 역대급으로 길었던 장마와 10월까지
이어지는 강력한 가을 태풍, 시도 때도 없는 황사와 미세먼지의
습격으로 '코로나19'가 아니어도 사시사철 마스크를 벗을 수 없다.
봄과 가을이 짧아지면서 4계절이 아니라 2계절이라는 말도 나온
다. 겨울에는 이른바 '온난화의 역설'로 불리는 북극 한파가 밀려
와 냉동실처럼 기온이 떨어지기도 한다. '삼천리 금수강산'으로 묘

사되던 한반도가 '재난 지옥'으로 전락한 것이다.

해마다 기록적인 폭염과 산불, 태풍 등 기상 재해가 잦아지면서 기후 변화를 이대로 방치하면 머지않아 파국이 찾아올 거라는 긴장감이 커지고 있다. 무엇보다 우려스러운 부분은 날씨의 변동 폭이 극에 달하고 있어 앞날을 내다보기가 더욱 어려워지고 있다는 점이다.

2018년 여름에는 30일이 넘는 최장 폭염이 찾아왔다. 폭염의 기준은 '일 최고 기온 33℃' 이상인 날이다. 기상청은 일 최고 기온이 33℃ 이상이고, 일 최고 열지수가 32℃ 이상인 상태가 2일 이상 지속될 것으로 예상될 때 폭염주의보, 35℃ 이상이고 일 최고 열지수가 41℃ 이상인 상태가 2일 지속될 것으로 예상되면 폭

폭염 속 서울 도시 풍경. 2018년 8월은 여름 기상 관측 사상
111년 만의 최악의 폭염 기록을 경신했다.

염경보를 발령한다. 2018년 8월 1일 강원도 홍천은 41℃, 서울은 39.6℃까지 최고 기온이 치솟았다. 기상 관측을 시작한 이후 가장 높은 기온 기록이 세워진 순간이었다.

이듬해인 2019년 여름에도 극한 더위가 찾아오지 않을까 촉각을 곤두세웠지만 그해에는 폭염 대신 태풍 7개(5호 다나스, 8호 프란시스코, 9호 레끼마, 10호 크로사, 13호 링링, 17호 타파, 18호 미탁)가 한반도로 북상했다. 1959년 이후 60년 만에 가장 많은 기록이었다. 태풍의 진로를 결정하는 북태평양 고기압이 그 해는 가을에 접어들어서도 일본 남쪽으로 물러가지 않았다. 태풍이 올라올 수 있는 길이 열린 한반도에는 10월까지 태풍이 찾아와 큰 피해를 줬다. 2020년에는 중부 지방에서 장마가 54일간 이어졌다. 역시 관측 이후 가장 긴 장마였다. 전국 곳곳의 하천과 강이 흘러넘쳤고 홍수와 범람에 많은 사람들이 집을 잃었다. 끝없이 쏟아지는 비에 그해 여름은 사실상 폭염이 실종되었다. 기후 변화로 여름이 갈수록 더워지고 강력한 태풍이 더 잦아질 거라는 점은 예측 가능하지만 다가오는 여름에 폭염이 심할지, 태풍이나 장마가 심할지는 현대 과학 기술로도 내다보기 힘들다. 말 그대로 '미친 변동성' 때문이다. 모든 종류의 재난에 완벽하게 대비하는 것이 정답이겠지만 현실은 그렇지 못해 피해가 반복되고 있다.

인간의 영향이 없었던 1850~1900년과 비교해 지금은 벌써 1.1℃가 올랐다. 고작 1℃에 왜 이렇게 호들갑이냐고 할지도 모른다. 하지만 우리가 겪고 있는 현실을 보면 1℃의 위력을 실감할 수 있다. 50년에 한번 찾아올까 말까 했던 극한 폭염의 빈도는 산업화 이전과 비교해 지금 4.8배 증가했다. 인류 생존의 마지노선으로 불리는 '1.5℃ 온난화'에서는 극한 폭염이 산업화 이전보다 8.6배, 그러니까 지금보다는 2배 가까이 늘어나게 된다. 또한 '2℃ 온난화'에선 산업화 대비 13.9배, 4℃ 온난화는 39.2배 늘어난다. 극한 고온의 빈도와 강도 역시 지구의 온도 상승과 함께 올라가는 것으로 나타났다. 우리나라의 여름철 최고 기온은 지금보다 2℃에서 최고 5℃ 이상 높아질 전망이다. 2018년 강원도 홍천에서 기록된 우리나라 최고 기온이 41℃였으니 머지않아 45℃ 정도를 내다봐야 할지 모른다. 동남아나 인도처럼 변한 서울에서 우리는 어떤 여름을 보내게 될까.

폭염뿐 아니다. 10년에 한번 찾아올만한 폭우와 가뭄도 산업화 이전과 비교해 현재는 각각 1.3배, 1.7배로 늘었다. 국제사회가 온도 상승의 '상한선'으로 정한 1.5℃의 미래도 결코 장밋빛은 아니다. 폭우는 1.5배, 가뭄은 2배로 증가하기 때문이다. 파리협정 당시 상한선인 2℃ 온난화에서 폭우는 산업화 이전보다 1.7배, 가뭄은 2.4배 늘어날 전망이다. 한반도는 기후 변화로 가장 큰 피해를 입을 것으로 지목되는 국가다. 동시에 온실가스 총 배출량이 세계 10위권, 1인당 배출량은 OECD(경제협력개발기구) 국가 중 1,2위를 다툴 정도로 많은 '기후 악당' 국가이기도 하다. 석탄 소비량이 꾸준히 늘면서 국민 한 사람이 소비하는 석탄의 양은 OECD 회원국 평균보다 2배 이상 많다. 1997년 교토의정서는 38개 선진국을 대상으로 온실가스를 줄이도록 의무화했다. 당시 우리나라는 개발도상국으로 분류돼 아무런 의무가 없었다. 그러나 지금은 상황이 달라졌다. 이산화탄소 배출량과 경제 규모가 모두 세계 10위 안에 드는 만큼 책임도 커졌다.

우리가 적극적으로 나서지 않으면 그 피해는 고스란히 우리에게 돌아오게 된다. 멀리 태평양 섬나라의 이야기가 아니다. '한국인 요리법'이라는 우스갯소리가 나올 정도로 우리의 일상은 이미 기후 위기로 점점 살기 힘들어지고 있다. 전 세계적인 탄소중립의 물결에 정부와 기업이 발 빠르게 대응하고 개인 역시 변해야지 생존할 수 있다는 점을 명심해야겠다.

2022년 여름 중부 지방을 중심으로 115년만의 기록적인 폭우가 내리고, 유럽은 이례적인 폭염과 가뭄을 겪고 있다. 과학자들은 기후 재난이 앞으로 더욱 두드러질 것으로 예상하고 있다.

북극의 얼음이 녹는데
왜 우리가?

　북극은 다른 지역들보다 온난화의 속도가 2배 이상 빠르게 진행되고 있다. 얼음과 눈으로 덮여 있는 북극은 기온 상승에 가장 먼저 반응한다. 햇볕을 반사하던 얼음과 눈이 녹고 짙은 바다가 그대로 드러나면서 더 많은 열기를 흡수하고 있다. 그 결과 얼음은 더 많이 녹고 기온을 끌어올리는 악순환이 반복되고 있다. 온실가스 배출과 상관없이 모든 시나리오에서 북극의 바다얼음은 2050년 이전에 최소 한 번은 모두 사라질 가능성이 높다고 IPCC 6차 보고서는 결론지었다. 북극의 여름이 '얼음 없는 여름'이 될 거라는 소리다. 그런데 최근 나온 연구 논문들을 보면 그 시점이 2050년이 아니라 2030년으로 앞당겨졌다. 전 세계 과학자들 사이에선 IPCC가 상황을 너무 낙관적으로 보고 있다는 얘기도 나온다.

　북극의 온난화는 북반구의 기후에 큰 영향을 미친다. 우리도 예외는 아니다. 2018년 장기 폭염과 2019년 태풍 7개, 2020년 최장 장마는 모두 북극과 연결 고리가 존재했다. 극한 기후의 원인은 북극의 온난화로 발생한 '대기 정체'에 있었다. 북극은 원래 가장 추운 곳이다. 그런데 북극의 얼음이 사라지며 빠르게 뜨거워지자 부작용이 속출했다. 북극 상공을 돌던 극 제트기류가 느슨해지며 북반구 중위도까지 밀려오게 된 것이다.

차가워야 할 북극의 기온이 올라가면서 적도와 온도 차이도 크게 줄었다. 공기의 움직임인 바람은 기압 차이에 의해 발생한다. 뜨겁게 데워진 곳에서는 공기가 상승하며 저기압 상태가 되고 상층에서 차갑게 식은 공기가 밀려 내려오는 곳은 고기압 상태가 된다. 바람은 고기압에서 저기압으로 불며 공기를 실어 나른다. 바람이 불게 하는 동력은 바로 '온도 차이'로 바람이 불면서 열의 불균형을 해소해 준다. 지구는 이렇게 평형 상태를 유지해 왔다. 그러나 북극과 적도 사이의 온도 차이가 줄면서 공기를 순환시켜 주던 바람이 멈췄다. 고기압에서 저기압으로 자연스럽게 흘러가던 동서 방향의 흐름도 막혀 버렸는데, 한반도의 이상 기후는 바로 이 대기 정체로 촉발되었다. 뜨거운 고기압이 한반도에 한 달 이상 머물면서 폭염이 길어졌고 장마 전선도 마찬가지였다. 우리나라와 5,000km 이상 떨어져 있는 북극이지만 북극에서 시작된 나비의 날갯짓이 과거에는 경험해 보지 못했던 엄청난 기상 이변을 불러오는 것이다.

그렇다면 북극의 얼음이 모두 녹아서 사라진다면 우리에게 어떤 영향을 미치게 될까? 아직 정확한 결과를 모의하기는 힘들지

2008년 5월 미국은 멸종위기종보호법을 통해 북극곰을 멸종위기종으로 지정했다.

만 기압 배치나 해류의 흐름에 돌이킬 수 없는 거대한 변화를 불러올 것은 확실하다. 일단 북반구의 모든 나라가 북극발 이상 기후의 피해를 입을 것이다. 북극의 얼음이 녹으면 북극 항로가 열리며 자원 개발이나 항로 단축 등 경제적 이익을 가져오리라 기대했다가는 큰코다칠 것이다.

개인이 할 수 있는 일은 없다?

　IPCC는 기후 위기로 인한 재앙을 막기 위해서는 2030년까지 2010년 대비 최소 45%의 온실가스를 감축해야 한다고 밝혔다. 이 기준을 한국에 적용하면 2030년까지 2018년 대비 50% 이상 줄여야 한다. 한국 정부는 2030년까지 40%의 온실가스를 감축하겠다고 선언했다. 그러나 이 목표를 자세히 보면 기준이 되는 2018년의 온실가스 배출량은 국내와 해외의 배출량을 모두 포함한 반면 목표 연도인 2030년은 국내 순배출량만 적용했다. 기준 연도와 목표 연도 모두 순배출량으로 계산하면 사실상 온실가스 배출량을 30%만 줄이겠다는 뜻이다.

　한국의 2018년 온실가스 총 배출량은 7억 2,700만 t이 넘는다. IPCC의 권고를 충족하기 위해선 3억 6,000만 t 정도를 줄여야 한다. 2020년 온실가스 배출량은 6억 5,622만 t으로 전년보다는 6.4%가량 줄었지만 목표를 달성하려면 43.6%를 더 줄여야 한다. 2020년 1인당 배출량이 12.7t이니까 약 2,800만 명분을 더 줄여야 한다. 전 국민의 절반은 온실가스를 배출하지 않아야 한다는 것이다. 온실가스를 엄청나게 줄이는 일은 개개인의 노력만으로는 상식적으로 가능하지 않다. 전기 생산의 기반을 석탄이나 천연가스에서 재생 에너지로 바꾸고 탄소를 많이 배출하는 산업 구조를 전환하는 일은 정부 차원에서나 가능하다.

2019년 전 세계 153개국 과학자 1만 1,000명으로 구성된 세계 과학자연합이 '기후 변화 대처를 위한 비상선언'을 발표했다. 과학자들은 예상보다 훨씬 더 빠른 속도로 기후 변화가 가속화되고 있다며 세계 각국이 즉시 효과적인 행동에 나서야 한다고 촉구했다. 그 내용을 보면 〈화석 연료를 재생 에너지로 전환〉, 〈대기 중에 짧게 체류하는 단기 오염 물질(메탄, 수소불화탄소 등) 감축〉, 〈생태계 복원·보호〉, 〈식물성 식품 섭취〉, 〈탄소 없는 경제로 전환〉, 〈지구촌 인구 안정화〉가 꼽혔다. 식물성 식품 섭취, 그러니까 채식을 제외하면 사실상 개인 수준에서 할 수 있는 일은 없어 보인다. 나머지 대안들은 시민들이 적극적으로 정치에 참여하고 기업을 바꿔야만 얻을 수 있는 구조적인 결과물이다. 정치권을 대상으로 투표의 힘을, 기업을 대상으로 소비자의 힘을 보인다면 훨씬 강력한 힘을 발휘할 수 있을 것이다.

선진국들은 보수든 진보든 정파성을 떠나 기후 위기 대응이 국가 과제의 제1순위로 꼽힌다. 그렇다면 우리는 어떤가. 아직도 기후 위기에 대한 정치인들의 관심도, 유권자의 관심도 낮은 수준이다. 그러나 재난 지옥이라는 말이 나올 정도로 이상 기후가 우리 삶을 위협하는 지금, 기후 위기 대응은 가장 절박한 국가 과제로 다뤄야 한다. 앞서 알아보았듯 기후 위기는 인권을 가장 심각하게 위협하는 요소다. 탄소를 줄이라는 국제사회의 압박도 날로 심해지는 만큼 정부 차원의 강력한 정책이 시급하다. 또 국민들은 정부가 제대로 된 기후 위기 대응 정책을 추진하는지 엄격한 눈으로 감시하고 점검해야 한다.

그렇다면 기후 위기를 늦추기 위해 우리가 일상에서 할 수 있는 일은 무엇일까? 전기를 아껴 쓰거나 텀블러를 사용하고 가까운 거리는 걸어 다니는 것도 물론 도움이 된다. 개인의 실천이 국민적인 실천으로 번진다면 큰 변화를 일으킬 수도 있을 것이다. 한때 환경단체들은 기후 위기를 막을 수 있는 방법으로 'BMW'에 주목했다. Bus(버스), Metro(지하철), Walk(걷기)의 앞 글자를 따서 만든 말로 "나는 BMW로 출근한다" 같은 구호를 만들기도 했다. 그러나 온난화, 기후 변화라는 말이 기후 위기, 기후 비상사태라는 단어로 바뀐 지금, 우리에게 시간이 많지 않다.

CO₂

나의 탄소 발자국은
몇 그램일까?

　'탄소 발자국'Carbon Footprint은 2006년 영국의회 과학기술처POST 에서 처음 제안한 개념이다. 일상생활에서 얼마나 많은 이산화탄소가 배출되는지 계산할 수 있는 프로그램으로 흙이나 눈 위를 걸어가면 발자국이 남듯 탄소 역시 지구에 발자국을 남긴다는 의미다. 매일 사용하는 전기와 가스, 수도, 교통 분야뿐 아니라 기업이 생산한 제품에도 탄소 발자국이 남는다. 추상적인 탄소 배출량을 구체적인 숫자로 표시함으로써 개인의 친환경적인 행동을 유도할 수 있다. 탄소중립 시대에 탄소 발자국 정보는 제품의 성분 표시나 유통기한 못지않게 중요하다.

　서울에서 부산까지 약 400km를 휘발유 자동차로 이동하면 96.5kg의 이산화탄소가 나온다. 경유 자동차를 이용하면 그 양은 139.3kg으로 더 증가한다. 발생한 이산화탄소를 흡수하기 위해서는 각각 소나무 14.6그루, 21.1그루를 심어야 한다. 무심코 이용하는 자동차지만 탄소 발자국을 계산하면 얼마나 많은 탄소가 나오는지, 탄소를 줄이기 위해 어떻게 행동을 변화시켜야 할지 알 수 있다. 우리가 매일 먹는 음식도 예외는 아니다. 음식이 생산되는 과정은 물론 트럭이나 비행기로 운반되는 모든 과정에 탄소가 배출된다. 특히 우유와 치즈, 소고기 같은 유제품과 육류는 탄소 발자국이 거대한 음식이다. 가축을 키우기 위해 숲을 없애고 사료용 작물을 재배하는 과정, 분뇨를 처리하는 과정에서 많은 온실가스가 뿜어져 나온다. 특히 해외에서 수입될 경우 배나 항공기로 운반하는 과정까지 포함되기 때문에 탄소 발자국이 더 커질 수밖에 없다.

탄소 발자국은 일상생활에서 발생하는 온실가스 배출량의 총량이다.
우리는 지구를 살기 좋은 상태로 유지하기 위해 탄소 발자국을 줄여야 한다.

육식 대신 채식으로
지구를 살려요

2021년 영국 기후변화위원회CCC, Committee on Climate Change는 2030년까지 모든 고기와 유제품 소비를 20% 줄여야 한다는 내용의 보고서를 작성하여 영국 의회에 제출했다. 육식을 자제해야 할 시점이 '바로 지금'이라고 강조했는데 소비자들의 행동을 자발적으로 변화시킬 수 있는 전략이 시급하다고 강조했다. 앞서 세계 과학자연합의 비상선언에서도 '식물성 식품 섭취'를 꼽았듯 육식은 온실가스 배출과 뗄 수 없는 관계다. 환경단체 '플랜 드로다운'Plan Drawdown은 향후 30년간 온실가스를 가장 많이 줄일 수 있는 방법 중 하나로 '채식 식단'을 꼽았다. '열대우림 복원'이나 '해상 풍력 발전'보다 식생활 개선이 기후 변화 대응에 더 유용하다고 설명했다. 우리가 먹는 음식으로 정말 탄소를 줄일 수 있을까.

일단 소고기를 생각해 보자. 소를 키우려면 땅이 필요하다. 또 사료로 쓰는 옥수수나 콩을 재배하기 위해서도 넓은 경작지가 있어야 한다. 환경단체인 그린피스에 따르면 1990년 이후 사라진 열대우림의 70%는 소를 키우는 방목지나 경작지로 변했다. 숲이 흡수하던 엄청난 양의 이산화탄소는 대기 중에 그대로 쌓일 수밖에 없게 됐다. 무엇보다 소가 풀을 소화하는 과정에서 배출하는 트림과 방귀도 문제다. 소나 양, 낙타, 사슴 같은 동물들은 한번 삼킨 먹이를 다시 토해서 씹는 반추 동물이다. 그런데 이 과정에서 이산화탄소보다 20배 이상 강력한 온실가스인 메탄이 나온다. 유엔 식량농업기구FAO, Food and Agriculture Organization of the United Nations에 따르면 2019년 기준 전 세계적으로 15억 7,000마리의 소가 사육되고 있다. 전 세계 인구의 20%에 이르는 소들이 1년간 배출하는 메탄은 1억 8,000만 t에 달한다. 이 정도 온실가스 배출이면 중국, 미국에 이어 세 번째로 많은 양이다.

소고기(육우) 1kg을 생산하는 과정에서 무려 99.48kg의 온실가스가 나온다. 양고기는 39.72kg, 돼지고기는 12.31kg, 닭은 9.87kg로 소의 배출량이 압도적으로 많다. 고기와 치즈 1kg에는 23.88kg, 달걀 4.67kg, 우유 3.15kg의 온실가스가 배출된다.

반면 콩이나 바나나, 감자, 견과류 등 식물의 생산 과정에서는 1kg 미만의 온실가스가 나온다. 생산에 필요한 토지와 농사, 운송, 판매까지 모두 포함된 계산이다. 전 세계의 고기와 유제품 소비가 계속된다면 다른 분야의 온실가스 감축에 성공한다 해도 지구의 평균 기온은 2도 이상 오를 것으로 전망된다.

IPCC가 2019년에 발표한 〈기후 변화와 토지〉 특별보고서는

음식은 탄소 배출과 떼려야 뗄 수 없는 관계다. 환경단체 전문가들은 향후 30년간 온실가스를 가장 많이 줄일 수 있는 방법 중 하나로 '채식 위주 식단'을 꼽았다.

소가 전 세계 축산업에서 배출되는 온실가스의 주요 원인(65~77%)이라고 밝혔다. 또 붉은 고기는 단백질 1kg당 온실가스 배출량이 가장 많은, 비효율적인 제품이라고 지적했다. 세계인이 동물성 식품을 먹지 않으면 약 80억 t의 온실가스를 줄일 수 있을 것이란 추정도 담겼다. 2018년 기준 동물성 식품을 생산하는 과정에서 나오는 온실가스는 전체의 22%에 달했다. 우리가 식단을 바꾸기만 해도 22%의 온실가스를 줄일 수 있다는 뜻이기도 하다. 우리가 정말 그렇게 많은 고기를 먹고 있을까? 1960년대 7,000만 t 정도였던 전 세계 고기 생산량은 2018년 3억 4,000만 t으로 5배 가까이 늘었다. 국내 1인당 육류 소비량은 1980년 11.3kg에서 2018년에는 53.9kg으로 5배 정도 증가했는데, 1인당 쌀 소비량(57.7kg)과 맞먹는다. 경제가 성장할수록 쌀 소비는 감소하는 대신 육류 소비가 폭발적으로 늘고 있다. 육류 수입량도 2000년에 39만 4,000t에서 2018년 104만 6,000t으로 100만 t을 넘어섰다. 1980년 1인당 소 소비량은 2.6kg에서 2018년 12.7kg으로 증가했다. 닭은 같은 기간 2.4kg에서 14.2kg, 돼지는 6.3kg에서 27kg으로 늘어났다. 증가세를 보면 닭이 가장 크게 늘었다.

세계보건기구WHO는 축산업에서 발생하는 온실가스를 줄이기 위해 채식 위주 식단을 권장하고 있다. 하루 최소 400g에 해당하는 과일이나 채소를 섭취하고 50g 이하의 설탕과 43g 이하의 고기를 먹으라는 내용이다. 이러한 식단을 따를 경우 온실가스 배출량이 29%에서 최고 70%까지 줄어들 수 있다는 연구 결과도 나왔다.

만약 4인 가족이 1주일에 하루라도 고기와 유제품을 먹지 않고 채식 식단을 실천하면 자동차를 5주 정도 사용하지 않은 효과를 거둘 수 있다. 한국인이 좋아하는 불고기는 어떨까? 소고기 120g 정도를 사용해 1인분을 만든다면 온실가스가 5.48kg 나온다. 이는 휘발유 자동차를 22km 정도 달렸을 때 나오는 양과 비슷하다.

소고기 대신 같은 무게의 두부로 요리했다면 온실가스 배출량은 0.58kg으로 급격히 줄어든다. 내가 먹는 음식에 따라 기후 위기를 막을 수 있다는 얘기다. 나뿐 아니라 전 세계인이 실천한다면 충분히 거대한 변화를 이끌어낼 수 있다. 소를 키우는 과정에는

육식 위주의 식문화를 채식 위주의 식단으로 바꾸면 탄소 배출을 줄일 수 있다.
기후 위기 시대에 에너지 전환만큼 식단 전환도 중요하다.

엄청난 양의 물이 필요하다. 소고기 1kg을 생산하기 위해서는 물 1만 5,500L가 사용된다. 반면 토마토 1kg에는 물이 180L밖에 필요하지 않다. 지구에 존재하는 담수 사용량의 70%는 농업과 축산업에 들어가는데 대부분 고기를 생산하는 과정에 사용되고 있다. 만약 4인 가족이 한 끼 식사에 소고기 400g을 먹지 않는다면 6개월 동안 샤워를 할 수 있는 물을 절약할 수 있다.

채식 향해 가는 전 세계,
우리나라는?

기후 위기 대응을 위해 육식을 줄이려는 움직임은 전 세계적으로 나타나고 있다. 프랑스는 '기후법'을 통해 공립 학교에서 적어도 일주일에 한 번은 고기 없는 메뉴를 제공해야 한다고 못 박았다. 학교뿐 아니라 정부 기관, 대학을 포함한 공공기관의 식당에서는 매일 한 가지씩 채식 메뉴를 제공해야 한다. 우리나라에서는 2020년 녹색당과 시민단체들이 공공급식에서 채식을 선택할 수 있도록 해달라고 헌법소원을 제기했다. 학교 급식은 학교의 재량에 달려 있다며 헌법소원은 각하되었지만 서울시 교육청은 한 달에 2번 채식 급식을 하기로 했다. 국내에서도 기후 위기를 막기 위해서, 또는 개인적인 신념 등으로 육식에 반대하는 목소리가 커지고 있다. 학교뿐 아니라 군대나 교도소에서도 채식 선택권을 보장해달라는 진정이 국가인권위원회에 제기되고 있다.

국내에선 아직까지 정부 차원에서 탄소 감축을 위해 육식을 자

서울 종로구 헌법재판소 앞에서 열린 '공공급식 채식선택권 헌법소원 기자회견'에서 참석자들이 팻말을 들고 있다. 2020.4.6. ⓒ연합뉴스

제해야 한다는 언급은 없었다. 2050 탄소중립 전략도 에너지와 수송 분야의 감축에 초점이 맞춰 있다. 아직 육류 소비를 얼마나 줄일 것인지 구체적인 목표도 정해지지 않았다. 하지만 식생활 개선을 통한 육류 소비 감소가 농·축산·식품 분야의 탄소 감축 1안으로 제시되었다. 이를 위해서 메탄을 적게 배출하도록 만드는 사료 개발과 식물성 단백질 보급, 고기와 비슷한 맛이 나는 대체 단백질 기술 개발 등을 추진하기로 했다.

매끼 식사를 할 때 칼로리를 계산하는 사람들이 많아졌다. 지구의 건강을 위해 탄소 배출량도 생각해 보는 것은 어떨까. 당장 모든 음식을 채소로 바꾸라는 소리는 아니다. 하루 한 끼, 1주일에 하루 이렇게 채식 식사를 하는 것도 도움이 된다. 영국 밴드 '비틀즈'의 폴 매카트니는 주 1회 채식 운동인 '고기 없는 월요일'을 주장했다. 만약 우리나라 국민이 일주일에 하루만이라도 채식할 경우 1인당 30년산 소나무 15그루를 심는 것과 맞먹는다. 음식만으로 숲과 비슷한 엄청난 양의 탄소를 줄일 수 있는 것이다.

음식물 남기면
기후 위기 가속화?

　먹는 음식도 중요하지만 버리는 음식이 없도록 하는 것도 중요하다. 음식물 쓰레기의 탄소 발자국도 만만치 않다. 국내에서 하루에 배출되는 음식물 쓰레기는 2만 t이 넘는다. 올림픽 경기가 열리는 수영장 8개를 가득 채울 수 있는 양이다. 국민 1인당 하루에 버리는 음식의 양도 407g에 달한다. 삼겹살로 환산하면 매일 2~3인분을 버리는 것이다. 특히 국내 음식물 쓰레기의 4분의 1은 먹기도 전에 버려진 것들이다. 세계적으로도 상황은 비슷하다. 유엔환경계획UNEP, United Nations Environment Programme이 전 세계 57개국을 대상으로 2019년 음식물 쓰레기 배출량을 조사한 결과 약 9억 3,100만 t에 달했다. 전 세계에서 생산된 음식 가운데 17%가 쓰레기로 버려지는 셈이다. 이것을 40t 화물차를 가득 채운다면 2,300만 대 분량으로 지구를 일곱 바퀴나 돌 수 있는 엄청난 양이다.

　가장 많은 음식물 쓰레기가 나오는 곳은 집이었다. 가정에서

61%의 쓰레기가 배출되었고 식당(26%)과 식품 판매점(13%)이 뒤를 이었다. 가정에서 이렇게 많은 음식물 쓰레기가 나오는 이유는 뭘까. 곰곰이 생각해 보면 먹을 수 있는 음식인데도 조리 과정이나 식사를 마친 뒤 버려지기도 한다. 냉장고에 보관한 채 방치해 유통 기한이 지났거나 상한 음식도 쓰레기통으로 직행한다. 주목할 점은 음식물 쓰레기가 반드시 선진국에서 많이 나오는 건 아니라는 것이다. 가정에서 한 해 동안 버리는 음식물은 선진국인 호주에선 1인당 102kg, 한국 81kg, 일본 64kg, 뉴질랜드 61kg이었다. 그런데 나이지리아가 189kg으로 전 세계에서 가장 많았고 말레이시아 112kg, 방글라데시 74kg 등으로 나타났다. 경제적인 부유함이 쓰레기 배출의 결정적인 변수는 아니라는 뜻이다. 전 세계 평균은 74kg으로 집계되었다.

유엔 식량농업기구FAO에 따르면 매년 전 세계에서 생산하는 9,400억 달러의 식품 중 30% 이상을 낭비하고 있다. 버리는 음식만 줄여도 수억 명이 배고픔을 면할 수 있다. 또한 음식물 쓰레기는 기후 위기와 직결된다. 음식물 쓰레기를 수거하고 재활용하는 과정에서 엄청난 온실가스가 배출되기 때문이다. 전 세계 온실가스 배출량의 8~10%는 버린 음식에서 나온다. 특히 육류가 문제다. 육류가 전체 음식물 쓰레기에서 차지하는 비중은 5%에 불과하지만 전체 탄소 배출량의 20%를 차지한다. 육류를 생산하는 과정에서 엄청난 탄소 발자국이 찍히기 때문이다. 육류를 먹는 것도, 버리는 것도 모두 기후 위기를 가속화하는 핵심 요인이다. 유

버려진 음식물 쓰레기는 도시 생활 폐기물에서 가장 큰 비중을 차지하고 있다.
음식물 쓰레기를 20% 줄이면 소나무 3억 6천만 그루를 심는 것과 같은 효과를 낼 수 있다.

엔환경계획은 2030년까지 전 세계 음식물 쓰레기의 양을 절반으로 줄이겠다는 계획을 세웠다. 우리가 아무 생각 없이 남기는 음식물만 줄여도 기후 위기와 환경 오염을 막을 수 있는 것은 물론 전 세계 기아 문제를 해결할 수도 있다. 오늘부터라도 식탁 위에서 들려오는 보이지 않는 아우성에 귀 기울여보자.

CO₂

공정한 소비로
지구를 건강하게

"나는 소비한다. 고로 존재한다"는 말까지 생길 정도로 우리는 매일 소비를 하며 살아간다. 소비를 하면 할수록 또 다른 소비를 부르고 욕망이 욕망을 낳게 된다. 18세기 프랑스의 철학자 드니 디드로Denis Diderot는 붉은색 비단 가운을 친구에게서 선물 받았다. 새 옷을 입고 서재에 앉으니 책상이 초라해 보였다. 책상을 바꾸니 또 다른 것들이 초라해 보였고 이렇게 모두 바꿨지만 결국 전혀 기쁘지 않았다. 하나의 물건을 사고 그 물건과 어울리는 물건을 계속 사면서 또 다른 소비를 하는 현상을 '디드로 효과'Diderot effect라고 한다. 인간은 돈을 계속 써도 쉽게 만족할 수 없으며 자꾸 새로운 것을 갈망하게 된다. 비싼 옷을 사면 여기에 어울리는 신발과 가방도 사야 하고 머리와 화장도 필요하다. 또 옷은 많은데 입을 옷은 없다는 소리도 나온다. 이런 심리 속에 우리 사회에 '패스트 패션'fast fashion이 등장했다. 저렴한 가격과 빠른 생산, 유통이 특징으로 소비자들은 한철 사서 입다가 유행이 끝나면 바로 재활용 수거함에 넣는다. 끝없이 소비하는 과정에서 돈만 없어진 다고 생각할 수 있지만 사실 소비는 환경 파괴와 연결된다. 2021 년 산업연구원의 분석 결과 섬유 산업은 전 세계 온실가스 배출 량의 6~10%, 해양 미세 플라스틱 배출량의 20~35%, 살충제 사 용량의 10~25%를 차지했다.

패션 산업에 들어가는 물 소비량도 어마어마하다. 면 셔츠 한 벌을 만드는 데 2,700L의 물이 소모된다. 한 사람이 2.5년간 마실 수 있는 양이다. 또 면의 원료인 면화를 재배할 때 들어가는 살 충제는 전체 사용량의 24%, 농약은 11%를 차지한다. 면 셔츠 한 벌에 숨겨진 이면을 알게 되면 더 이상 가볍게 옷을 사고 버리지 는 못 할 것이다. 특히 플라스틱과 같은 합성 섬유로 만든 옷은 잘 분해되지 않아 토양을 오염시킨다. 세탁할 때는 섬유에서 미세 플라스틱이 분리되어 바다로 흘러 들어가는데 세계자연보전연맹 IUCN: International Union for Conservation of Nature and Natural Resources에 따르면 해양에 유입되는 미세 플라스틱의 35%는 우리가 입는 옷에서 발 생한다. 연간 하천과 바다로 흘러 들어가는 미세 플라스틱은 전 세 계적으로 100만 t에 이른다고 한다.

그렇다면 유행에 따라 물건을 사고 버리는 대신 이제부터는 윤 리적인 소비ethical consumption를 하면 어떨까. 윤리적 소비는 소비자 가 도덕적인 신념을 가지고 인간과 사회, 환경에 대한 책임을 실 천하는 행동이다. 우리 주변에서 볼 수 있는 윤리적 소비로는 불

바닷물이 미세 플라스틱으로 오염되었다.

매 운동이나 로컬 푸드 운동, 공정무역 제품 사기 운동 등이 있다. 윤리적 소비의 시작은 1791년 미국으로 거슬러 올라간다. 노예들의 노동력에 의해 만들어진 서인도 제도의 설탕에 대한 대대적인 불매 운동이 벌어진 것이었다. 사람들은 노예 무역을 폐지하기 위해 의도적으로 서인도 제도의 설탕을 외면하기 시작했다. 설탕 상점들은 "노예가 만들지 않은 동인도 제도 설탕입니다"라는 안내문을 붙였다. 결국 서인도 제도 설탕 판매량은 3분의 1로 줄었고 대신 노예가 생산하지 않은 동인도 제도의 설탕이 10배 넘게 많이 팔렸다. 이를 계기로 1807년 노예 무역은 폐지되었다. 소비의 방식이 바뀌면 세상이 바뀔 수 있음을 보여 준 대표 사례다.

최근 전 세계적으로 공정무역에 대한 관심이 높다. 세계 식량의 80%는 5억 곳의 소규모 농장에서 생산되는데 기후 변화로 농부들의 생계가 위협받고 있다. 브라질과 페루의 커피 농장이나 아르헨티나의 밀 재배지 등은 기온 상승과 폭염, 가뭄, 홍수의 직접적인 피해를 받는다. 그 결과 식량 가격이 상승하면 그 피해는 고스란히 우리에게 돌아온다. 공정무역은 기후 변화에 개발도상국의 농부들이 대처할 수 있도록 정당한 가격을 주고 물건을 사자는 운동이다. 커피를 예로 들면 그동안 선진국들은 아프리카 커피 생산지에서 정상 가격의 절반만 주고 커피를 사왔다. 결국 커피 농가에서 일하는 농부들은 정당한 노동력의 대가를 받지 못했고 커피의 품질은 나빠질 수밖에 없었다. 제 가격을 주고 커피를 사온다면 가격은 훨씬 비싸질 수 있다. 그러나 비싼 가격을 감당하고라도 공정하고 윤리적인 소비를 하겠다는 소비자가 점점 늘고 있는 추세다. 제품을 지나치게 과잉 포장하는 업체에 대한 불매 운동, 에너지 효율이 높은 제품이나 지역에서 생산된 물건에 대한 적극적인 소비 운동도 하나의 모습이다.

최근에 스타벅스에서 시즌마다 나오는 상품들이 온라인에서 더 비싼 가격으로 거래되곤 했다. 환경을 위해 종이컵 대신 텀블러를 들고 다니는 사람들이 많아졌지만, 텀블러를 시즌마다 새로 구매한다면 오히려 환경에는 독이 될 것이다.

스웨덴의 환경 운동가 툰베리는 수년 동안 새 옷을 사지 않았다고 말했다. 전 세계적으로 의류가 생산되고 소비되는 방식 자체가 변해야 한다고 강조했다. 사실 호황의 시대를 맞기 전 우리 사회에서도 형제간, 자매간 옷을 물려 입는 일이 흔했다. 옷에 구멍이 나면 수선해서 입을 정도로 옷 한 벌, 한 벌이 그만큼 더 소중했다. 또 기쁜 날에 함께 한 옷에는 추억도 담겼다. 그러나 지금은 어떨까. 입지 않고 버려지는 옷들도 있고 언제 샀는지 기억이 나지 않는 경우가 많다. 돈이 낭비되는 것뿐 아니라 지구와 기후에 악영향을 미치고 있다는 사실을 기억해야겠다.

북태평양에서 발견된
거대한 쓰레기 섬

1997년 북태평양에서 우리나라 면적의 15배가 넘는 거대한 섬이 발견되었다. 위치는 하와이와 미국 캘리포니아주 사이였다. 섬의 이름은 'GPGP'Great Pacific Garbage Patch로 '태평양 쓰레기 섬'이라는 뜻이다. LA에서 하와이까지 요트로 횡단하는 경기에 참가 중이었던 찰스 무어Charles Moore가 우연히 발견했다.

2018년 조사 결과 섬을 이루고 있는 플라스틱 쓰레기의 개수는 약 1조 8,000억 개, 무게는 8만 t으로 초대형 여객기 500대와 맞먹는 무게였다. 쓰레기를 자세히 확인한 결과 초대형 쓰레기가 4만 2,000t으로 절반이 넘었고 고기를 잡는 그물이나 어망이 대부분이었다. 쓰레기를 치우지 않고 방치하여 햇볕과 바람, 파도에 의해 잘게 부서져 미세 플라스틱이 되면 피해는 더 커진다. 학계에서는 통상적으로 1마이크로미터(μm)~5mm 크기의 플라스틱을 미세 플라스틱으로 분류한다. 미세 플라스틱은 해양 생물의 몸으로 들어가 생명을 앗아가고 수산물을 먹는 인간 역시 그 영향을 피할 수 없다. 참치나 홍합, 조개, 심지어 소금에도 많은 미세 플라스틱이 포함되어 있다는 조사 결과가 나오고 있다. 세계자연기금 WWF, World Wide Fund for Nature에 따르면 한 사람이 일주일간 삼키는 미세 플라스틱은 약 2,000개로 신용카드 한 장 무게인 5g에 달한다. 미세 플라스틱을 섭취하는 주된 경로는 물이 1,769개로 가장 많았고 갑각류 182개, 소금 11개, 맥주 10개 등이었다. 전 세계에서 버려진 플라스틱 쓰레기는 해류를 따라 태평양 한가운데로 모여들었다. 환경단체들은 쓰레기 섬 주변에 거대한 울타리를 설치해 플라스틱을 수거하고 있다. 그러나 여기서 끝이 아니다. 북태평양뿐 아니라 북대서양과 인도양, 남태평양에도 또 다른 쓰레기 섬이 4개 이상 존재하는 것으로 알려졌다. 플라스틱은 수백 년이 지나도 썩지 않는다. 그 말은 한 번 배출한 플라스틱 쓰레기는 지구 어딘가에 영원히 존재하며 우리의 삶에 영향을 줄 거라는 뜻이다.

국내에서도 코로나19 기간 동안 쓰레기가 크게 늘었다. 2020년 기준 국내 하루 평균 쓰레기 배출량은 54만 872t으로 2019년보다 8.8% 증가했다. 특히 플라스틱 쓰레기의 배출이 급증했다. 한국인의 1인당 플라스틱 쓰레기 배출량은 연간 88kg으로 미국 130kg, 영국 99kg에 이어 세계 3위였다. 그런데 코로나19 기간 동안 음식 배달과 택배 주문이 늘면서 가정에서 배출된 폐플라스틱이 2020년 기준 3,065t으로 2019년보다 20% 가까이 늘었다. 플라스틱 쓰레기는 폭증하고 있지만 매립하거나 소각할 시설은 포화 상태다. 전국의 쓰레기 매립지 가운데 3분의 1이 포화 직전이고 플라스틱을 태울 때 나오는 다이옥신 같은 유해 물질 때문에 소각장도 더 짓기 어렵다. 이대로라면 플라스틱 섬처럼 우리도 쓰레기를 쌓아 두고 살아야 할지 모른다. 결국 정부는 2025년까지 플라스틱 쓰레기를 20% 줄인다는 목표를 세웠다. 2022년부터는 코로나19 감염 확산을 우려해 잠시 연기했던 카페 일회용품 사용을 금지했다. 카페에서 음료를 마실 때는 머그잔이나 텀블러를 써야 하고 일회용 컵을 쓸 수 없다. 일회용 컵은 매장 밖으로 음료를 가져갈 때만 제공한다. 플라스틱 빨대와 비닐봉지의 사용도 금지되었다. 처음에는 불편하겠지만 플라스틱 없이 사는 삶이 지구와 나를 위한 길이기에 하루라도 빨리 적응하는 게 어떨까.

버려진 플라스틱이 인도네시아 라자 암바트 외딴 섬 근처에 몰려있다.
플라스틱은 전 세계 해양 생태계에 끊임없이 증가하는 위험 요소이다.

플라스틱, '석탄' 밀어내고 기후 변화 주범으로

플라스틱이 땅과 바다를 오염시키는 것은 잘 알고 있지만 기후 위기의 주범이라는 사실을 모르는 사람들이 많다. 플라스틱의 원료는 화석 연료인 석유로 제조 과정에서 많은 온실가스를 내뿜는다. 전 세계 석유 소비량의 6% 정도가 플라스틱의 원료를 추출하거나 직접 생산하는 데 사용된다. 이는 전 세계 항공 부문의 석유 소비량과 맞먹는다. 플라스틱에서 나오는 온실가스가 10년 안에 석탄화력 발전소의 배출량을 능가할 수 있다는 예측도 나왔다. 현재 미국 플라스틱 산업의 온실가스 배출량은 연간 최소 2억 3,200만 t에 이른다. 500MW 규모의 석탄화력 발전소 116곳에서 뿜어내는 평균 온실가스 배출량과 맞먹는다. 2030년쯤이면 플라스틱은 석탄을 제치고 기후 변화에 더 큰 영향을 미치게 될 것이다. 앞으로는 석탄화력 발전소가 아닌, 플라스틱 공장 앞에서 가동을 멈추라고 집회를 해야 할지도 모르겠다. 동시에 1회용 플라스틱을 아무렇지 않게 소비하는 우리 자신에게도 경고를 보내야 하지 않을까.

미국의 석탄화력 발전소는 기후 변화 등의 문제로 절반 이상이 가동을 멈춘 상태지만 대신 플라스틱 생산은 대폭 늘었다. 화력 발전소 가동 중단으로 온실가스는 줄었지만 오히려 플라스틱이라는 복병이 나타난 것이다. 특히 플라스틱 원료를 생산하는 과정에서 이산화탄소보다 강력한 온실가스인 메탄이 엄청나게 배출되는 것으로 밝혀졌다. 생산 및 쓸모가 다한 플라스틱을 소각장에서 태울 때도 매년 최소 1,500만 t의 온실가스가 배출되는데, 이 역시 석탄화력 발전소 7개의 배출량과 비슷하다. 이런 상황에도 불구하고 플라스틱에 대한 인류의 욕망은 브레이크가 없어 보인다. 세계경제포럼은 2050년까지 전 세계 플라스틱 생산량이 지금보다 3배로 증가할 것으로 예상했다. 앞서 우리는 기후 위기를 막기 위해 채식을 하거나 공정무역으로 생산된 제품을 소비하는 방법을 배웠다. 만약 플라스틱 제품에 탄소 발자국을 표시한다면 탄소 배출이 적은 제품을 소비자로서 선택할 수 있을 것이다. 탄소를 배출한 만큼 탄소세를 내게 하면 어떻게 될까. 탄소세를 내느라 가격이 올라간 플라스틱 제품들은 자연스럽게 소비자의 외면을 받게 될 것이다. 가격이 비슷하다면 일회용 플라스틱보다는 여러 번 쓸 수 있고 건강에도 해가 없는 제품을 더 선호할 수 있다. 하지만 아직은 플라스틱의 장점을 대체할만한 소재가 등장하지는 않았다. 그래서 플라스틱의 재활용률을 높이는 방법이 가장 현실적인 대안으로 받아들여졌다.

　가장 중요한 것은 가볍고 저렴하며 투명하거나 알록달록하고 우리 생활을 편리하게 해 주는 플라스틱에 환경과 기후적으로 매우 치명적인 약점이 숨어 있다는 사실을 우리 모두가 인지해야 한다는 점이다. 그래야 플라스틱을 자주, 많이 쓸 때마다 죄책감이 생기고 조금씩 줄여 나갈 수 있을 것이다.

플라스틱 쓰레기의 가장 큰 문제점은 썩지 않는다는 것이다.
플라스틱으로 인한 환경 파괴는 더 이상 미래세대의 문제가 아니다.

탄소중립 위해 요구하라!

　우리는 환경을 지키기 위해서 물과 전기를 아껴 쓰고 가까운 거리는 걸어 다니며 음식을 남기지 말라고 학교에서 배웠다. 하지만 20년 안에 지구의 온도가 산업화 이전보다 1.5도 상승하는 미래는 바뀔 수 없고 그만큼 시간이 많이 남아있지 않다. 이런 질문이 나온다. 당장 우리가 할 수 있는 일은 무엇인가?

　국내 온실가스의 70%는 100대 기업이 배출하고 개인이 할 수 있는 부분은 지극히 한정적인 게 사실이다. 정말 변화를 만들고 싶다면 쓰레기를 재활용하는 동시에 기업을 향해 쓰레기가 덜 나오는 제품을 생산하라고 요구해야 한다. 에너지를 아껴 쓰는 동시에 우리 동네 전기 생산에서 재생 에너지의 비율이 높아질 수 있도록 목소리를 높여야 한다.

　미세먼지가 심한 날에 기후 위기 생각하며 굳이 걸어 다니지 말고 내연 기관을 전기차나 수소차로 대체해 공기질을 개선하라고 말해야 한다. 개인적으로 채식을 실천하는 것뿐 아니라 학교에서, 직장에서도 채식 메뉴를 채택하고 종류를 다양하게 만들라고 주장해야 한다. 나무를 심는 개인적인 노력뿐 아니라 숲을 보호하라고 정부에 요구해야 한다.

세상을 바꿀 수 있는 방법 중 하나가 바로 정치다. 2020년 안 이달고Anne Hidalgo 프랑스 파리 시장은 재선에 도전하며 파리 시내에 있는 지상 주차 공간 6만 개를 없애겠다고 약속했다. 그 말은 자동차를 타고 시내로 들어오지 말라는 뜻이다. 안 이달고 시장은 재선에 성공했고 자신의 공약을 지켜 나갔다. 주차장 공간은 공원과 테라스로 활용하고 자전거 도로를 넓히기로 했다. 시내로 들어오는 오토바이나 스쿠터 운전자들에게도 주차 요금을 받기로 했는데 온실가스를 배출하지 않는 전기 오토바이는 예외로 했다. 내연 기관에 엄격한 규제를 가하는 대신 자전거 이용자와 보행자에게 더 친화적인 도시를 만들어가고 있는 것이다. 안 이달고 시장은 2014년 처음 파리 시장으로 취임했을 때부터 줄곧 환경친화적인 정책을 추진해 왔다. 자전거 도로를 확대하거나 차량 속도를 제한하고 주차 요금을 인상하는 등 그녀의 목표는 '차 없는 파리'를 만드는 것으로 파리 시민들의 지지를 기반으로 재선에 성공했다. 만약 우리도 차 없는 서울을 원한다면 그런 공약을 내건 정치인을 지지할 수 있다. 물론 선거권이 생긴 뒤에 말이다.

2019년 미국 뉴욕에서도 강력한 기후대응법이 통과되었다. 시내 대형 빌딩들의 온실가스 배출량을 줄이고 전면 유리로 된 건물을 새로 짓는 것을 규제하는 내용이다. 2050년까지 뉴욕시의 중대형 빌딩에서 배출되는 온실가스를 80% 감축시키기 위한 강력한 규제를 담고 있다. 그렇다면 뉴욕시는 왜 적극적인 기후 위기 대응에 나선 것일까? 뉴욕의 인구는 2020년 기준 838만 명에서 2050년에는 900만 명으로 증가할 전망이다. 전 세계에서 수많은 사람이 몰려들면서 온실가스 배출이 증가하는 것뿐 아니라 재난에도 취약해질 것으로 보인다. 과거보다 강력해진 허리케인과 홍수, 해수면 상승, 폭염 등으로 많은 사람이 생존을 위협받고 도시의 기반도 파괴될 수 있다. 실제로 2012년 북대서양에서 발생한 사상 최대 규모의 허리케인 '샌디'가 북상했을 때 뉴욕시에선 44명이 사망했고 190억 달러의 피해를 입었다. 뉴욕시의 코니아일랜드와 록어웨이 반도, 헌츠 포인트, 트롱스 넥, 이스트 할렘 등 해안 지역은 해수면 상승으로 홍수가 잦아지거나 아예 영구적으로 침수될 것으로 예측되었다. 또 기록적인 폭염이 찾아오면 에어컨 의존도가 높은 대도시에서 전력 수요 증가로 대규모 정전이 발생할 수 있고 노약자의 온열 질환 피해도 급증할 수 있다. 뉴욕시는 이러한 문제점을 인식하고 세계 도시들 가운데서도 선도적으로 기후 위기 대응에 나섰다. 뉴욕시에서 기후대응법이 통과된 시점은 역설적이게도 당시 트럼프 정부가 파리협정에서 탈퇴한 시점이어서 더욱 주목을 받았다. 연방정부가 안 하면 시 차원에서라도 행동하겠다는 의지를 굳게 표현한 셈이다. 뉴욕시 역시 시민들의 지지가 없었다면 이런 행보를 취할 수 없었을 것이다.

우리도 툰베리처럼
목소리 내볼까

우리나라 청소년들도 기후 위기를 막기 위해 거리로 나섰다.

"저희는 코로나19라는 전 지구적인 위기 상황 속에서,
곧 닥칠 기후 위기를 간접적으로 경험하고 있습니다. 교육청은
기후 변화가 코로나19 사태보다 더 심각하게 청소년들의
생존을 위협하는 급박한 위기임을 인식해야 합니다. 기후
변화는 마스크를 써도, 사회적 거리두기를 실시해도, 피할 수
없는 재난입니다."

2020년 3월 청소년기후행동의 청소년 19명은 기후 변화를 방
치하는 정부와 국회를 상대로 헌법소송을 제기했다. 국가 온실가
스 감축 목표를 미흡하게 설정함으로써 생존권과 평등권, 인간답
게 살 권리, 직업 선택의 자유 등의 기본권을 침해당했다는 이유에

서였다. 기후 위기 방관은 위헌이라는 게 소송의 핵심이었다. 하지만 정부와 국회는 헌법소원에 응답하지 않았다. 변호인을 통해 답변을 촉구한 끝에 2020년 10월 문재인 대통령 의견서가 헌법재판소로 제출되었다. 정부는 충분한 기후 위기 대응을 하고 있고 청소년들이 기후 위기의 당사자는 아니라는 내용이었다. 이에 실망한 청소년들은 정부가 만든 탄소중립기본법에 대해서도 추가로 헌법소원을 청구했다.

기후 위기라는 재난은 이미 우리 사회에 존재하고 있는 불평등과 부조리를 더욱 극대화한다. 경제적인 수준과 사는 지역, 성별, 나이에 따라 기후 위기의 무게감은 서로 다르게 받아들여진다. 기후 위기를 바라보는 기성세대와 미래세대의 온도 차 역시 극명하다. 미래세대는 현재의 온실가스 배출에 책임이 없는데도 불구하고 기후 위기가 극대화된 예측 불가능의 시대를 살아가야 한다. 스웨덴의 그레타 툰베리를 비롯해 거리로 나온 청소년들은 '미래에 존재할 수 있는 권리'를 빼앗지 말아 달라고 외치고 있다. 그레타 툰베리는 평범한 청소년이었지만 비범한 일을 해냈고 그 영향은 지금도 계속되고 있다. 전 세계에 제2, 제3의 그레타 툰베리가 용기 있는 발걸음을 내딛고 있는 것이다. 우리나라에서도 마찬가지다. 어른들은 상상조차 하지 못했던 일에 청소년들이 도전하고 행동하면서 새로운 상식이 자리 잡아가고 있다.

기후 위기를 넘어 기후재앙으로 치닫는 지금, 개인의 힘은 미약해 보이지만 이 세계를 바꾸는 것 또한 개인이다. 개인의 용기 있

기후 위기에 대한 정부의 강력하고 다양한 움직임을 촉구하는 시위가 세계 곳곳에서 벌어지고 있다.

는 말과 행동이 모이면 큰 힘을 지니게 되고 거대한 변화를 몰고 올 것이다. 잊지 말아야 할 것은 내가 당장 석탄 발전소를 멈추고 석유 시추를 중단시킬 수는 없겠지만 꾸준히 목소리를 내고 요구한다면 누군가는 생각을 바꾸고 결국은 집단의 변화를 이끌어낼 수 있다는 점이다. 환경친화적인 정책을 추진하고 있는 정치인들의 힘은 시민들이다. 기후 소송에 나선 청소년들이 늘어날수록, 그들의 손을 들어주는 법원이 많아질수록 정치인들은 탄소중립의 시급성을 엄중하게 받아들이게 될 것이다. 이제 시작이다. 지치지 말고 나아가자.

생활 속 실천 방법

1. 일회용품 적게 쓰기

코로나19로 일회용품 쓰레기가 쏟아져 나오고 있다. 마스크를 비롯해 한 번 쓰고 버리는 플라스틱 일회용품은 처리하기도 곤란하지만 생산 과정에서 엄청난 탄소를 배출한다. 카페에서 음료를 담는 일회용 플라스틱 컵이나 빨대는 편리하다는 장점이 있지만 기후와 환경에 독이다. 지금부터는 일회용품 대신 다회용기나 텀블러를 사용하는 것은 어떨까.

2. 자전거 타기

자전거를 타는 것만으로도 건강과 환경 모두를 지킬 수 있다. 처음에는 1주일에 한 번 정도 가까운 거리를 타는 것부터 시작하자. 자전거는 화석 연료를 쓰지 않는 녹색 교통수단으로 기후 위기를 늦추는 것과 체력도 튼튼하게 만들어 줄 것이다. 단 자전거를 탈 때는 안전모와 장갑 같은 장비도 반드시 갖추는 것을 잊지 말자.

3. 음식물 남기지 않기

음식은 먹을 만큼만! 내가 버리는 음식물 쓰레기가 어마어마한 온실가스를 배출한다는 사실을 이제 우리는 알게 되었다. 과거에는 음식을 복스럽게 많이 먹는 것이 예의라고 생각했지만 지금은 시대가 달라졌다. 나의 양에 맞게, 적당히 먹고 절대로 남기지 말자. 나의 작은 실천으로 전 세계의 굶주리는 사람들과 기후에 도움이 될 수 있다.

4. 일주일에 하루는 채식하기

여러분은 한참 자라야 할 성장기이기 때문에 완벽한 채식주의자로 살아갈 수는 없다. 하지만 1주일에 하루 정도는 채식을 하여 고기 섭취량을 줄여보는 건 어떨까. 콩과 곡물을 재배하기 위해서 숲이 파괴되고 많은 물이 소모되며 엄청난 온실가스가 배출된다. 환경을 생각한다면 지나치게 잦은 육식을 하지 말아야 한다.

5. '신토불이' 제철 음식 먹기

음식이 생산된 곳에서 판매되는 곳까지 이동한 거리를 '푸드 마일리지'food mileage라고 부른다. 탄소 발자국처럼 어떤 음식이 우리의 장바구니를 거쳐 식탁에 오르기까지 배출한 온실가스의 양으로 생각하면 된다. 푸드 마일리지가 높을수록 많은 화석 연료가 소모되었다는 뜻이다. 국내산 한우를 먹는 것과 미국산 소고기를 먹는 것 중 푸드 마일리지가 적은 쪽은 당연히 한우다. 칠레에서 수입된 포도보다 국내산 포도를 먹는 쪽이 온실가스를 훨씬 적게 배출한다. 수입 과정에서 많은 살충제와 방부제가 사용되기 때문에 건강에도 좋지 않다. 나와 가까운 곳에서 생산된 음식(로컬푸드, local food)을 먹기만 해도 온난화를 줄일 수 있다.

부모님과 함께하기

6. 절전 형광등 설치하기

흔히 LED 조명을 뜻하는 절전 형광등은 일반 백열등보다 비싸기는 하지만 훨씬 적은 전력을 소모한다. 수명도 10배 정도나 길다. 미국 환경보호국EPA에 따르면 각 가정에서 전구 1개씩만 절전 형광등으로 바꿔도 연간 80만 대 자동차가 배출하는 만큼의 온실가스를 줄일 수 있다.

7. 적정온도 유지하기

겨울철 적정온도(18℃~20℃)와 여름철 적정온도(25℃~27℃)를 유지하는 것만으로도 온실가스 배출량을 10% 이상 줄일 수 있다. 여기에 추가로 1℃를 높이거나 낮추면 10~15%의 온실가스를 더 줄일 수 있다. 겨울에는 조금 더 낮추고 여름에는 조금 더 높여 지구를 시원하게 만들 수 있다.

8. 에어컨 필터 청소하기

에어컨 필터만 깨끗하게 유지해도 전기 요금을 절약할 수 있다. 에어컨 필터가 먼지로 꽉 막히면 전기도 많이 소모하고 온실가스 배출량도 훨씬 늘어난다. 필터를 청결하게 유지하면 알레르기를 유발하는 유해 물질도 줄일 수 있으니 일석삼조다. 부모님께 알려드리고 필터 청소를 권하자.

9. 전기제품 플러그 뽑기

TV나 밥솥 같은 전기제품은 플러그를 꽂아둔 채 깜빡하기 쉬운데 전선이 연결되어 있으면 대기 전력을 무시할 수 없다. 플러그를 뽑는 습관을 기르면 전기 요금도 줄이고 온난화를 막는 데에도 도움이 된다.

10. 절약형 샤워기 쓰기

샤워기에서 펑펑 쏟아지는 물도 좋지만 절약형 샤워기만 설치해도 에너지를 절약할 수 있다. 물을 적게 쓰게 되면 물을 따뜻하게 데우는 에너지도 줄게 된다. 보일러에서 온수를 데우는 급탕 기능은 가정에서 소모되는 에너지 사용량의 4분의 1을 차지하는데, 샤워기 하나만 바꿔도 에너지를 줄일 수 있다.

꼭꼭 씹어 생각 정리하기

1. 기후 위기를 늦추기 위해 생활 속에서 할 수 있는 일은 무엇일까요?

2. 하루에 사용하는 일회용품의 개수가 몇 개인지 세어 봅시다.

3. 기후 위기 대응을 위해 정치인들에게 무엇을 요구하고 싶은가요?